怪物圖鑑

領略怪物世界必備百科

山北篤・細江廣美 著

LIM・綠川美帆 插畫

趙鴻龍 譯

U0073133

為什麼愈瞭解怪物，好處就愈多？
～前言～

擁有壓倒性力量的神話怪物

在現代，怪物經常出現在各種遊戲、漫畫、小說等作品中，儼然已經變得家喻戶曉。這些怪物究竟是從何而來的呢？大致上可分為「神話」、「傳說」、「創作」3種類型。

首先從神話起源的怪物開始說起。大家應該都知道日本神話和世界著名的希臘神話吧，但神話不只有這些，世界上幾乎所有民族都擁有自己的神話，而在這些神話中，多半都會提到各式各樣與眾神為敵的惡神或怪物。

其中，代表性的怪物包括聖經神話中的利維坦、希臘神話中的九頭蛇、北歐神話中的加姆等。即使在相對和平的日本神話中，也有八岐大蛇等怪物存在。

說到神話怪物的特徵，首先就要提到其壓倒性的力量。這些怪物以眾神或英雄們的敵人身分登場，儘管實力比不上眾神，卻擁有普通人類無法匹敵的強大力量，除此之外，這類怪物在遊戲等作品中往往會以終極頭目的身分登場。

接下來要說的是傳說中的怪物。在民間傳說或故事中登場的怪物，雖然力量比一般人類強大，但並不是絕對無法戰勝的對手。

另外，也有不靠力量，而是憑藉智慧取勝的怪物。會出現在民間傳說或故事中，意味著與這些怪物打交道的都是普通人類；也就是說，傳說中的怪物，實力頂多是一般人類可以應付的程度而已。

哥布林等雜魚可以說就是這類怪物的代表。即便實力沒那麼弱，像凱爾派或鬼火這種只要稍微有點智慧和注意力就能避開的怪物，也屬於傳說中的怪物。

另外，傳說怪物之中也包括一些友好的生物，這也是其特徵之一，像精

靈和矮人就是友好怪物的代表。不過需要注意的是，這些怪物雖然只要以禮相待就能保持友善，但要是無禮對待則會遭到報復。

瞭解怪物的起源可以得到哪些好處

最後說到創作出來的怪物。這類怪物取決於作者的想像力，種類千變萬化，沒有共同的特徵。

包括金剛或哥吉拉，從對人類產生威脅到恐怖的怪物，什麼樣的生物都會出現。

不過，完全原創的怪物其實不多。不是源自神話或傳說的怪物，我想大概只有史萊姆了吧。

絕大多數的怪物都是從神話或傳說中取得靈感，經過創作變得更強大。

龍就是最典型的例子。不僅希臘神話中的龍，聖經神話中的龍，還有世界各國的龍神話或傳說，每天都有新的龍根據傳說衍生出來。

在創作中登場的哥布林與傳說中的哥布林相比，也有很大的變化。

也有只是借用神話或傳說的名字，實際上完全是創作的怪物。

其中最具代表性的就是喪屍。不管是傳說、電影還是遊戲的喪屍，儘管名字都一樣，實質卻大不相同。

另外，神話傳說中登場的各種怪物分類，也會成為創作者的靈感來源。龍、巨人、各種不死族、人型怪物、人造怪物、妖精等等，利用出現在神話或傳說中的怪物框架，創造出新怪物的創作者可以說不計其數。

今後也一定會有更多以神話或傳說做為素材，在各種創作中陸續登場的新怪物。

但是，只要知道這些怪物的起源，直覺就能發揮作用。當這些怪物在遊戲中登場時，也能想像「這傢伙該不會用這種方式攻擊」、「搞不好會有這樣的弱點」。

正所謂知識就是力量。

希望大家能夠透過本書享受閱讀的樂趣。

第2章
朋友級怪物

第3章
強敵級怪物

冒險後記③

【各式各樣的委託】

活捉怪物比消滅牠們還困難 —— 142

  COLUMN 03 為何擊敗怪物就會得到金銀財寶？ —— 144

第4章

小頭目級怪物

怪物資料館館長的訊息④

「冒險在平安歸來之前仍在冒險」—— 146

冒險後記④
【在怪物的巢穴裡】
為何哥布林會住進有克爾柏洛斯的洞窟裡？ —— 172

COLUMN 04 奇幻作品的怪物和恐怖作品的怪物
有什麼不同？ —— 174

第**5**章
中頭目級怪物

怪物資料館館長的訊息⑤
「怪物之中也有原本是人類的怪物」—— 176

▶ 第 **1** 章

雜魚級怪物

「想在戰鬥中獲勝，知識不可或缺」

嗨，未來的冒險者們，歡迎你們到來。

我是這座怪物資料館的館長。

對哦，你們還不是冒險者，畢竟還沒有打敗過任何一隻怪物呢。

你們說有打敗過？那還真是幸運。還是你們很聰明，知道去城鎮外面附近打敗雜魚怪物，再隨即躲回城鎮裡？不管怎樣，幸好你們有保住一命。

要知道，城鎮外面到處都有怪物遊蕩。就算打敗一隻，也會有其他怪物源源不絕地出現。

相反地，能夠擊退怪物的冒險者總是人手不足。

所以，如果在不具備任何知識的情況下開始冒險，下一秒很可能就會被雜魚怪物打敗；不僅僅對你們，對我們來說也是巨大的損失。

什麼，不然提供給你們更好的裝備？那可不行。無法靈活運用的卓越裝備只會讓你們鬆懈下來，一旦疏忽大意，前方只有死亡等著你們。

因此，一開始還是在城鎮入口附近，選擇弱小的怪物，用檜木棒進行打

擊。打敗怪物之後，便回到城鎮好好休養，晚上絕對不離開城鎮半步，像這樣謹慎一點比較好。

以為還可以撐下去，漸漸離城鎮愈來愈遠，最後被最弱的雜魚怪物……例如被哥布林大卸八塊，或是被史萊姆溶化而死，像這樣的新手冒險者，比你們想像中的還要多。

如果有經驗豐富的冒險者可以在你們進行實地訓練的時候在一旁護衛就好了，可惜現在連這樣的人手都不足。

所以我們決定累積知識，並將這些知識傳授給你們，由我來告訴你們關於怪物的事情。

你們藉由這些知識消滅怪物。

然後趁還有餘力的時候，活著回到城鎮。

把打敗怪物得到的獎金存起來，靠自己的力量獲得適合自己的新裝備。

不斷重複這個流程，變得愈來愈強。

當然，在這裡學到的知識並不完美。即使是相同種類的怪物，也有不少個體差異和例外。

就像人類之中有幼兒也有英雄一樣。

而且怪物比人類更容易產生變異，大概是因為牠們不像人類一樣是穩定的種族吧。

今天有效的資訊，明天未必也有效，何況還存在著地區上的差異。

如果你們獲得新資訊平安歸來，請務必告訴我這些資訊，如此一來，我就可以告訴你們後輩們更正確的資訊。

哥布林

GOBLIN

勇敢且正義感強烈的哥布林，為何會變成邪惡的種族？

「哥布林」在現代被視為雜魚怪物的代表，但是牠並非一開始就是雜魚敵人。

哥布林原本是英國的妖精。據說其外型是個小人，性格扭曲，心術不正，喜歡惡作劇，但並非會殺人的那種邪惡妖精。

即便如此，哥布林仍成為大人用來嚇唬小孩「如果不聽話就會被哥布林抓走」的可怕存在。

作用相當於日本的鬼或生剝鬼。不知是否因為這個緣故，列夫卡迪奧・赫恩（Patrick Lafcadio Hearn）[1]在他的作品中，將日本的「鬼」標記為「哥布林」。

在從前的作品中，哥布林有時是邪惡的妖精，有時又是勇敢且正義感強烈的種族。哥布林的形象根據神話、傳說、創作作品的不同而千變萬化。

哥布林之所以會被定位成與人類敵對的邪惡種族，是受到**以《魔戒》聞名的作者J.R.R.托爾金的影響**。

在托爾金的著作《哈比人歷險記》中，主角哈比人和矮人們一同踏上了冒險之旅。

這時阻擋他們去路的敵人就是哥布林。

在此之前，哥布林雖然是心術不正、性格扭曲、喜歡惡作劇的怪物，但並非與人類不共戴天、互相殘殺的敵人；然而托爾金卻**將哥布林寫成與人類敵對的絕對邪惡怪物**。

此後，哥布林＝邪惡種族這樣的形象便廣泛流傳，但其實哥布林之中也是有善良的種族。

善良的小精靈也在托爾金的描述下變成邪惡的存在

小精靈是一種善良的哥布林，雖然外形和哥布林沒有太大差別，卻是會幫忙做家事的親切哥布林。

不過，小精靈畢竟是哥布林的一種，如果無禮對待牠的話，就會遭受嚴厲的報復。被小精靈報復的人，幾乎都是自作自受，很少有人值得同情。

小精靈成為邪惡哥布林的上位種族，是**受到世界上第一個桌上角色扮演遊戲《龍與地下城》（《D＆D》）的影響**。

這個作品的作者也是托爾金的粉絲，因此小精靈也一同被歸類為邪惡的種族。

甚至還將小精靈變成比哥布林更強大的邪惡怪物。

也由於《龍與地下城》大受歡迎，後來小精靈便固定成為哥布林中的邪惡上位種族。

我覺得哥布林和小精靈可以向托爾金和他的粉絲們抱怨自己的名譽遭到侮辱。

---

1 日本名字是小泉八雲。透過《怪談》等書，向外國介紹日本。值得一提的是，他的作品是用英語撰寫，日語作品是從英語翻譯過來的。

史萊姆

Slime

其實「史萊姆」有很長一段時間都沒有名字

「史萊姆」是一種黏液狀的不定形怪物。從史萊姆的名氣來看，原本以為一定具有非常悠久的歷史，但沒想到牠居然是在20世紀以後才登場，是歷史很短的怪物。

這是**因為古代的人們不具備「黏黏的東西具有生命」這樣的發想。**

但是，人們在19世紀發現了變形菌（常稱為黏菌）和細胞性黏菌等生物之後，才知道世上原來還存在著不定形生物。

只是在發現初期，這種黏液狀的生物仍無法歸類，於是便稱其為黏菌。

直到20世紀，有個作家想到如果這種不定形生物襲擊人類的話，應該會讓人感到噁心和可怕。

這個人就是創造出「克蘇魯神話」的美國奇幻小說作家H.P.洛夫克拉夫特（Howard Phillips Lovecraft）。他在1931年發表的《瘋狂山脈（At the Mountains of Madness）》中，將舊統治者製造的人工生物「修格斯」以史萊姆狀的生物登場。

修格斯通常是由類似泡沫凝聚物的黏性果凍構成的不定型實體，如果成為球體時，平均直徑大約有15英尺左右。

此外，還有好幾位作家也寫過濕黏噁心的生物，但都採用不同的命名，所以沒有一個統一的名字。

三流恐怖小說作家將其命名為「史萊姆」，於《龍與地下城》定型

而三流恐怖作家約瑟夫.P.布倫南（Joseph Payne Brennan）就是其中之一。他在1953年3月號的《詭麗幻譚（Weird Tales）》雜誌上刊登的《史萊姆》，是史萊姆作為怪物首次登場。

布倫南將這種濕濕黏黏的生物從黏菌改成史萊姆這個名字，他雖然沒有創作出留傳後世的作品，卻以史萊姆的命名者被人們銘記至今。

不過，單憑布倫南的作品並無法確立史萊姆這個名稱。

因為同樣的生物還有諸如「ameba」、「ooze」、「goo」、「gel」、「gelatin」、「pudding」、「blob」等各種名稱。

在《龍與地下城》出現後，「史萊姆」這個名字才被固定下來。

不僅史萊姆，這部作品的「怪物手冊」也讓許多怪物有了固定的形象。

根據遊戲介紹，史萊姆是橄欖色的不定形植物型怪物，棲息於潮濕的森林或沼澤中，由小到大分為各種不同的體型和強度。

後來，「不定形怪物」＝「史萊姆」的形象便出現在各種創作當中。如今甚至出現像《勇者鬥惡龍》系列一樣擁有固定形狀的史萊姆。

半獸人

ORC

原為精靈，卻被惡魔改變形態而變成半獸人

「半獸人」是現在的奇幻作品中不可或缺的經典怪物。

不過，其實這種怪物完全沒有出現在神話當中，而是到了20世紀中期才首次在創作作品中登場，聽到這裡想必會讓很多人感到驚訝吧。

半獸人是J.R.R.托爾金在1954年發表的《魔戒》中登場的邪惡士兵種族。在《魔戒》的世界中，背叛創世神一如（eru）的米爾寇（melkor）[1]是這個故事的反派角色。

米爾寇希望有自己的手下，於是他擄走一如創造出來的美麗種族精靈，對其加以折磨而製造出醜陋的半獸人。

精靈在米爾寇的折磨之下，原本美麗的白色肌膚變成了黑灰色，手腳長

出鉤爪，變成醜陋的模樣。

雖然身高比精靈矮，跟人類差不多高[2]，但力氣比人類大，繁殖力比精靈旺盛，導致數量不斷增加。

雖然女半獸人並沒有在故事中登場，不過從托爾金的書信來看，女半獸人似乎是存在的。

此外，半獸人雖不會製造美麗的武器，但卻能造出彎曲醜陋的武器和用於破壞的兵器。原本擁有不遜於精靈的智慧，卻因為嫉妒心強，喜歡拖別人的後腿，所以沒什麼成長空間。

半獸人憑藉其繁殖力不斷地增加數量，並在最後的戰爭中組成大軍，引發了一場大戰。半獸人比普通人類更加強壯，所以對一般士兵來說是不好應付的對手。

名字來自羅馬的死神「奧迦斯（orcus）」

在《魔戒》中，正義的勢力是用「orc」來稱呼半獸人，但半獸人卻是用「ork」來稱呼自己，而哈比人則是將半獸人稱為「哥布林」。

換句話說，在《哈比人歷險記》中出現的哥布林其實就是半獸人，由於故事是以哈比人的角度來描述，所以才稱為哥布林。

沒有確切的文獻記載半獸人（orc）這個名字究竟從何而來，**但據說是取自古英語中帶有「惡魔」意思的 orc。**

進一步說，**古英語中的 orc 是從羅馬的死神奧迦斯（orcus）轉用而來的，因此半獸人的語源據說就是來自奧迦斯。**

不過，在托爾金之前也有一種名為 orc 的怪物，不過那是海上的怪物。

在老普林尼（Gaius Plinius Secundus）的《博物志》中出現的 orca，似乎是虎鯨被口耳相傳所形成的怪物。

海怪 orca 不僅有鱗片和獠牙，身上還長有剛毛，既像魚又像爬蟲類。從這一點來看，顯然跟現在的半獸人一點關係也沒有。

---

1 在基督教中相當於背叛了耶和華的路西法。
2 在魔戒的世界裡，精靈的體格比人類高大。

004
狗頭人
KOBOLD

喜歡惡作劇，但只要給牠牛奶，就會幫忙做家事

　　哥布林是英國的妖精，狗頭人則是德國的妖精。

　　狗頭人是一副乖僻的小人形象，雖然有時候也會幫忙人類，但多半都是做些無聊的惡作劇。

　　可能是因為這方面和哥布林有些雷同，所以德語書中的狗頭人，翻譯成英語時往往會被譯為哥布林。

　　當然，英語的哥布林翻譯成德語，也經常被譯為狗頭人。

　　狗頭人是一種體型比人類矮小、外形醜陋的小人妖精。

　　雖然住在人類的家裡，人類卻看不見牠們。

　　據說只要把牛奶放在盤子裡，家事就會在不知不覺中做好了。

這是狗頭人把牛奶當作報酬而幫忙人類做的。

不過，**如果不付出報酬而一直讓狗頭人做家事的話，狗頭人最後就會惡作劇大鬧一場，隨即頭也不回地離開這個家。**

但也有傳說狗頭人一旦收到禮物，就會認為那個家的家事已經做完，同樣也會離開家裡。

換言之，若想讓狗頭人繼續幫忙做家事，最好只給牠們牛奶這類用完就消失的東西，不要送衣服或鞋子這類不會馬上消失的禮物。

也有民間故事提到，有人因為感謝狗頭人經常幫忙做家事，於是做了衣服送給牠以表達謝意，結果狗頭人卻說：「這樣工作就做完了」隨即從家中離開。

住在地底或礦山，有時也會給礦工帶來麻煩

另外一種形象的狗頭人，是住在地底和礦山的坑道裡，挖掘各種礦物的妖精。

這種形象的狗頭人，給人的感覺比較像矮人。

礦工有時會在礦坑中發現一些毫無用處的礦物。

雖然看起來確實是某種金屬的礦石，但不管怎麼做都無法變成金屬。

據說這些是狗頭人為了給礦工製造麻煩而施予魔法的礦石[1]。

1　這些被認為毫無用處的礦石，後來查出是未知的金屬礦石。這種原子序數為27號的金屬元素，由於和狗頭人相關，因此命名為鈷（cobalt）。

喪屍

ZOMBIE

「喪屍」不等於「腐爛的屍體」

拖著腐爛的肉體行走，意欲咬死人類的怪物就是「喪屍」。

據說這種受到巫毒教詛咒的可怕怪物，歷史其實很短。

喪屍源自海地，是巫毒教的祭司所製造出來的活死人。

巫毒教是由從非洲被帶來作為奴隸的黑人們所創，其教義融合了各自家鄉的教義和白人的基督教等許多教義。

在這樣的巫毒教中，存在一種名為「喪屍轉化」的神秘儀式。

由巫師（bokor）[1]負責進行人類轉化為喪屍的祭祀儀式。巫師會讓普通人類服用一種名為「喪屍粉」的秘藥。

喝下這種秘藥的人會失去意識，對這種半死狀態的人類進行儀式，將其

轉化為喪屍。

可是，巫毒教傳統的喪屍，和我們常見屍體腐爛的喪屍並不相同。**靠巫毒教的力量復活的喪屍是活著的。**

身體既不會腐爛，看起來也和普通人類沒什麼兩樣。不僅如此，牠還會正常地吃飯和睡覺。

只是失去了自我意志，聽從巫師的命令行動。

就像是失去意志和個性的活機器人一樣。

但巫毒教的巫師畢竟只是祭司，不能隨便製造喪屍。

基本上只有邪惡之人、犯罪之人才會轉化為喪屍來贖罪。變成喪屍之後，不僅無法為非作歹，也不會對命令有任何怨言。在貧窮的海地，即使是罪犯，也不能平白浪費勞動力。

電影塑造出「腐爛屍體」的形象

另一方面，我們熟悉的喪屍具有以下 3 個特徵。

①腐爛的屍體會行動。

②為了咬死人類而發動襲擊。

③被喪屍咬到的人也會變成喪屍。

這種形象的喪屍其實是由電影塑造出來的。

喪屍電影大師喬治・羅梅羅（George Andrew Romero）於 1968 年拍攝的《活死人之夜（Night of the Living Dead）》，正是第 1 部具備這 3 種特徵的怪物於片中橫行的電影。不過，出現在這部電影中的怪物叫做「活死人」，而不是喪屍。牠是在同樣由羅梅羅執導的《活人生吃（Dawn of the Dead）》（1978年）中，才首度被稱為喪屍。

以腐爛屍體形象出現的喪屍，最早是出現在桌上角色扮演遊戲《龍與地下城》中，不過被這種喪屍咬到也不會受到感染。

雖然從 1930 年代開始就有許多喪屍電影，但因為是巫毒教的喪屍，屍體不會腐爛，與當今電影中的喪屍有很多不同之處，不能算是喪屍電影的始祖。

1　是指巫毒教司祭中使用喪屍術這種可怕魔法的祭司。男祭司叫做houngan，女祭司叫做mambo。

骷髏人
SKELETON

原本是為了讓人們別忘記死亡而存在的「行動骷髏」

　　白色骷髏發出咔嗒咔嗒的聲音發動襲擊，這幅景象令人毛骨悚然。拉丁語中有一句古老的警語叫做「Memento mori」，這句話的意思是「別忘記死亡」，原本具有「所以要享受當下」的含義。

　　然而，在受到基督教教義影響的歐洲，這句話反而變成「現世的快樂終究是空虛的」這個解釋。

　　為了給人們留下死亡的印象，於是出現了骷髏跳舞的畫作，有「死亡之舞」之稱的大量畫作被描繪出來。

透過「行動骷髏」將「死亡」擬人化。

由此衍生出身纏破布、手持大鐮刀、有death（死亡）或grim leaper（死

亡天使）之稱的死亡使者。

順帶一提，基督教圈裡不能有死神的存在，那是邪教的觀點。

因為基督教中只有 1 尊神。

但是，聖經中除了神之外，還有其他會帶來死亡的角色，因為這個角色不可能是神，也不會是人類，所以便將其視為天使。

況且也不是不死族

中世紀以前，骷髏形象的東西不是代表死亡，就是死亡使者的象徵，用來表示人類無法抗拒的不合理事物。

那麼，普通人類可以打敗的怪物「骷髏人」是什麼時候出現的呢？

其實是在 20 世紀以後才登場。

雷·哈利豪森（Ray Harryhausen）導演於 1958 年拍攝的電影《辛巴達七航妖島》中，就曾出現以模型動態拍攝[1]手法打造出來的骷髏戰士。沒有任何肌肉的骷髏，拿起劍迅速地對人類發動攻擊，這樣的場景想必令人印象深刻。

哈利豪森的骷髏戰士，與自古以來就存在的死亡或死亡天使等形象結合起來，創造出作為死靈的骷髏人。

1 用可動人偶逐幀移動拍攝的一種拍攝手法。將演員的動作投影到螢幕上，七具骷髏戰士配合做出武打動作。

鳥身女妖

HARPY

擁有眾神高貴血統的精靈為何會變成怪物呢？

　　希臘神話中有著各式各樣的異形生物，「鳥身女妖」就是其中之一。

　　據說牠是一種長相為女性的鳥類，也有一說認為牠是一種長相和身材近似人類女性的鳥類。根據希吉努斯（Gaius Julius Hyginus）的《希臘神話集》描述，鳥身女妖是一種頭部是雞、背後有一對翅膀、有人類手臂和巨大爪子、長著雞腳及人類的乳房和臀部的生物，與現在的形象大不相同。

　　總之是一種擁有翅膀的女怪物，可以在空中飛翔。其腳上長有鳥的爪子，可以用來戰鬥，但攻擊力不高。

　　根據海希奧德（Hesiod）的《神譜（Theogony）》描述，鳥身女妖與姊妹阿伊洛（Aello，疾風之意）、俄克皮特（Ocypete，疾飛者）的家譜如右頁的圖

所示。

由此可見，**牠們都是繼承神之血脈、擁有優良血統的怪物**。這些頭髮豐盈的女怪物，堪稱是風或大氣的精靈，高階的存在。

在偽阿波羅多洛斯的《希臘神話》中變成下等的怪物

另一方面，在偽阿波羅多洛斯（Pseudo-Apollodorus）的《希臘神話》中，儘管家譜與海希奧德相同，但鳥身女妖卻被描寫成極為低級的怪物。

某天，預言家皮涅烏斯因為觸怒了波賽頓而雙目失明。

然而，神的怒氣並沒有因此平息，於是祂又派遣鳥身女妖到皮涅烏斯那裡。每當皮涅烏斯準備吃飯時，一群鳥身女妖便從天上飛下來，把大部分的食物都掠奪一空。

就連沒搶到的食物，也因為牠們的排泄物導致惡臭而無法食用。

一籌莫展的皮涅烏斯，決定向剛好前來詢問預言的阿爾戈英雄（為了尋找金羊皮而搭乘阿爾戈號的人們）求救，請求他們幫助自己免於遭受鳥身女妖的騷擾。

阿爾戈英雄中擁有翅膀的北風之神波瑞亞斯（Boreas）之子卡萊斯（Calaïs）和澤泰斯（Zetes），兩人拔出劍飛到天空擊退了鳥身女妖。

因為害怕而紛紛逃跑的鳥身女妖，有些掉進河裡，有些因為筋疲力盡而墜落地面。

不過也有一說認為是卡萊斯兄弟抓住鳥身女妖，命其發誓不再騷擾皮涅烏斯，這才放了牠們一馬。

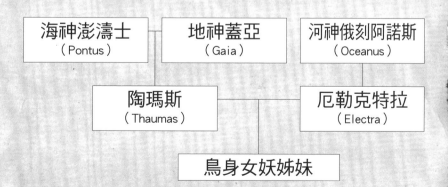

海神澎濤士（Pontus）　地神蓋亞（Gaia）　河神俄刻阿諾斯（Oceanus）

陶瑪斯（Thaumas）　　　厄勒克特拉（Electra）

鳥身女妖姊妹

008
阿爾普

ALP

潛入女性夢中吸取精氣的惡魔

「阿爾普」是日耳曼民族傳說中的精靈。阿爾普是公元一千年前的古高地德語，據說與 elf 等名詞的語源相同。

其形象為混雜獸類的人型，只有雄性。和妖精相比，牠擁有介於夢魔和吸血鬼之間的能力。

阿爾普還擁有變身的能力，可以變成貓、豬、狗、蛇、鳥、蝴蝶等生物。牠利用這種變身能力接近人類，**進入女性的夢中，給她們帶來惡夢，以吸取女性的精氣。**

此外牠還擁有一雙邪眼，可以用目光讓對方生病或帶來不幸。

牠有一頂只要戴上就會變成透明、名為 Tarnkappe（隱身帽子）的帽子，

平時就是靠這頂帽子來隱藏自己的身影。

不過阿爾普不擅於戰鬥，所以會盡量避免和人類發生衝突，一旦被發現就會立刻逃走。

中世紀時受到基督教的影響，使得阿爾普被認為是導致人類失眠和生病的惡魔。

就像前面介紹的那樣，阿爾普在近代變成晚上進入女性夢中、給她們帶來惡夢[1]的魔物。

這個現象稱為阿爾普的壓迫（Alpdruck）。為何會命名為壓迫呢？因為阿爾普是坐在熟睡的女性胸口上，用自身的重量來阻礙女性的呼吸。

只要阿爾普一直坐在胸口上，女性就無法醒來。現在所謂的睡眠麻痺[2]、睡眠呼吸中止症、夜驚症[3]等等，都被視為是阿爾普的壓迫所造成的。

約翰・亨利希・菲斯利所描繪的《夢魘》（下圖），呈現出坐在這名熟睡女性身上的阿爾普形象。

也有阿爾普具備類似吸血鬼性質的故事。

阿爾普會吸附在男性或孩童的乳頭上，以吸取他們的血。

不過，如果受害者是女性的話，雖然也會吸住乳頭，但吸出來的卻是母乳。阿爾普雖說是惡魔的一種，但也是有人類變成的阿爾普。

據說只要母親咬住馬的項圈，她所生的孩子就會變成阿爾普。

還有一種說法是，和羊膜一起出生的孩子、手裡握著頭髮的孩子，兩者都會變成阿爾普；另外，被動物嚇到的孕婦也會產下阿爾普。

總而言之，不是在正常情況下出生的孩子，就會被視為不正常的孩子，進而被當成阿爾普。

1　德語叫做Alptraum。
2　就是所謂的鬼壓床。
3　睡眠中突然驚醒，因為恐懼而尖叫。通常出現在掌管大腦睡眠的中樞尚未發育成熟的幼兒身上，長大後就會自然痊癒。

小惡魔

IMP

魔女的使魔，從魔女的乳頭吸血存活

「小惡魔」是體型只有10公分到幼兒大小的瘦小醜陋小人。

擁有鞣皮般的紅褐色或灰色皮膚，有些長著蝙蝠翅膀，有些長角，外觀千變萬化。

整張臉像是咧嘴笑得皺成一團一樣扭曲，耳朵從頭頂突了出來。

小惡魔喜歡惡劣的惡作劇，經常會做出危及人命的惡行。

不是把搖籃裡的嬰兒偷偷掉包，就是害路人迷路，將其帶到荒野；不過小惡魔的腦袋卻不太靈光。

儘管具備魔法的力量，但頂多只能變身成動物，或者製造小小的火種，無法施展大型的魔法。不過考慮到小惡魔的惡劣品行，只被縱火搞不好就

該偷笑了。

到了中世紀，小惡魔開始被視為是魔女的使魔，屬於下級惡魔。

魔女身上有個叫做魔女印記的地方，那是類似膿疱或乳頭的突起，沒有痛覺[1]。小惡魔就是從這裡吸取少量的血存活。

平時牠們會化身為黑貓、老鼠、昆蟲、蟾蜍、蛇等生物。

一旦收到魔女的命令，就會恢復原形，使人們生病、家畜死亡、保存的食物腐爛。

然而，真正的魔女是比基督教更古老的大地女神巫女的後裔。

如此神聖的魔女，其使魔不可能是惡魔。就算有使魔，也不會是惡魔，而是妖精或精靈。但是，連魔女都稱不上的孤單女性們所飼養的寵物貓，卻被誤以為是小惡魔的化身，反而增加了許多獵女巫的受害者，這些悲劇都是由於基督教徒的猜忌所造成的。

戴上小惡魔造型的裝飾品作為護身符就不會弄丟東西

各地都流傳著以小惡魔為主角的民間故事。

英國林肯郡的兩隻小惡魔就是其中一個民間傳說。撒旦派遣兩隻小惡魔為林肯郡帶來災難。

當牠們正準備在大教堂大肆破壞時，天使從講道台上的聖經中現身，制止了牠們的行動。

其中一隻小惡魔打算向天使扔石頭，結果被天使變成了石頭。

另一隻小惡魔害怕地躲在桌子底下，所以天使便放牠一馬。或許是出於感謝的緣故，**據說在林肯郡只要佩戴小惡魔造型的小裝飾品，就不會弄丟東西**。

1　因此出現了一種判定魔女的方法，那就是用針刺進疑似魔女印記的地方。有些人會利用可伸縮的針來陷害無辜的女性，以奪取她們的財產，像這樣的邪惡獵女巫行為所在多有。

葛雷姆林

GREMLIN

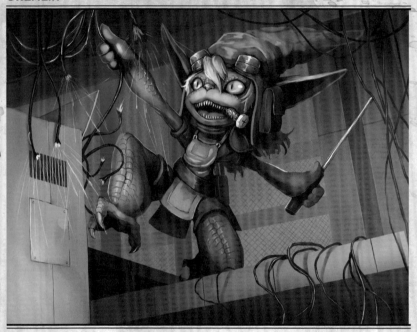

對機械惡作劇，很喜歡飛機的妖精

在民間傳說中有許多妖精和魔物登場，其中絕大部分都是有著數百年歷史的古老存在。

可是，有一種妖精據說是在20世紀才出現在民間傳說當中，那就是「葛雷姆林」。

為什麼這種妖精直到最近才被發現呢？**因為葛雷姆林是對機械惡作劇的妖精。**

葛雷姆林也和其他妖精一樣都是小人。身高約15到60公分，頭上長著小角。

葛雷姆林的起源是第二次世界大戰前夕，於英國皇家空軍飛行員之間流

傳的傳說。

當時明明機器都有細心維修，卻不知為何總是不能順利運轉。

然而，無論怎麼檢查都看不出哪裡有異狀。

於是，飛行員之間便開始流傳「會不會是妖精惡作劇」的傳言，**這裡所說的惡作劇妖精就是葛雷姆林。**

最早提到葛雷姆林名字的文獻，想不到是英國空軍馬爾他島部隊於1929年4月10日出版的隊內刊物《aeroplane》。

這足以證明葛雷姆林是20世紀誕生的妖精。

之後，葛雷姆林也對飛機以外的機械產生興趣，並開始對這些機械惡作劇。不明原因的機械故障甚至被**普遍歸咎為葛雷姆林效應（gremlin effect）。**

雖說葛雷姆林會讓機械失靈，卻不會造成致命事故；相反地，也有一說認為葛雷姆林是透過引起潛在危險，以防止致命事故發生。

為人類的發明提供點子，如果沒得到感謝也會鬧彆扭

讓葛雷姆林的名字在空軍以外廣為流傳的，是英國作家羅爾德・達爾（Roald Dahl）於迪士尼出版的繪本《The Gremlins》（1943年）。

這是在不列顛戰役中作戰的戰鬥機飛行員加斯（Gus）的故事。

加斯正在駕駛他的愛機。

飛行中，他不經意地往右邊一看，發現有個身高約15公分的小人站在機翼上，正使用鑽頭在機翼上鑽洞。加斯急忙採取倒飛動作，但小人的腳卻像黏在機翼上一樣動也不動，那個小人就是葛雷姆林。

關於葛雷姆林的出身眾說紛紜。

有人說牠們原本是住在高山的妖精，後來被空中飛行的飛機所吸引，於是變成對機械情有獨鍾的妖精。

還有人說葛雷姆林是地精（Gnome）等妖精的同類，**原本是給人類的發明提供靈感，卻因為人類完全不懂得感謝，所以才開始惡作劇讓發明品無法正常運作。**

鬼火

WILL-O'-THE-WISP

誘殺愚昧之人的「愚者之火」

　　黑暗中，看見遠處微微亮起燈火，以為有人家，心想終於得救了，趕了上去。殊不知那是引誘人們進入無底沼澤的妖魔燈火——鬼火，也稱為「愚者之火」；顧名思義，這是誘殺愚昧之人的火。儘管沒有戰鬥力，卻會設下迷惑人心、最終導致死亡的陷阱。

　　世界上也存在著同樣的怪火。例如，英國就有jack-o'-lantern（燈籠裡的傑克）、pixie-light（精靈燈火）、the lantern man（燈籠男）、kit in the candlestick（燭台裡的工具）等多種名稱。

　　法國也有flambeau（鬼火）、Feu follet（迷幻火）等。在歐洲以外，印度有名為Chir batti的幽靈火焰，泰國有漂浮在湄公河上、名為bung fai phaya nak 的火球；當然，日本也有人魂和狐火。

這種怪火有兩種說法，一說是妖精創造的，另一說是死靈創造的。由此又分為兩種說法，一說是妖精或死靈本身在發光，另一說則是妖精或死靈拿著燈火。

	本身發光	拿著燈火
妖精		pixie-light hob lantern
死靈	人魂 Chir batti	鬼火 jack-o'-lantern

jack-o'-lantern就這麼化身為南瓜鬼

鬼火（Will-o'-the-wisp）意為「火炬will」。很久以前有個名叫威廉的惡徒，他因為作惡多端而遭到殺害，在天堂的入口險些被聖彼得[1]判下地獄，但他用花言巧語瞞過聖彼得，獲得了重新做人的機會。

然而，在新的人生中，威廉依然是個壞人。當威廉再次死亡，來到天堂的入口時，聖彼得告訴他，天堂和地獄都沒有他的容身之處了。

自此，威廉註定將永遠在人間徘徊，對他的處境感到憐憫的惡魔，將燃燒地獄業火的煤渣作為燈火賜給了他，據說威廉至今依然提著這個燈火四處徘徊。

順帶一提，jack-o'-lantern是萬聖節的主角之一南瓜頭怪物。不過，原本jack-o'-lantern是蘇格蘭的怪物，牠是一個名叫傑克的死靈，把燈火放在挖空的蘿蔔中隨身攜帶，但**當這個傳說從發源地蘇格蘭傳到美國時，卻不知為何變成了南瓜，甚至連南瓜本身也變成怪物**。如今，逆向輸入的南瓜燈籠在英國也成為了主流。

1　基督教認為天堂的入口有聖彼得把關，祂會區分人類是否能夠進入天堂。

012
跳水獸
WATER LEAPER

從水中跳出來襲擊水邊的生物

有一種威脅會從水中跳出來襲擊站在水邊的人類。

那就是「跳水獸」。

牠原本是威爾斯[1]的妖精，叫做Llamhygin Y Dwr（跳過水面的生物）。

據說是翻譯成英語後才被稱為跳水獸。

其外觀就像是沒有手腳的蟾蜍，以有如飛魚鰭或蝙蝠翅膀般的大鰭作為前腳。

有著類似蜥蜴的尾巴，尖端有像針一樣的刺。

跳水獸就是利用鰭和尾巴拍打水面一躍而出。

雖然無法在空中飛行，但可以把鰭當成翅膀，在空中滑翔。

　牠就是利用這個技巧來襲擊水邊的生物。其體型眾說紛紜，有人說像幼犬那麼小，也有人說大得像頭牛。

發出駭人的尖叫聲，吃掉落水的人類

　跳水獸不但醜得不像妖精，內心也和外表一樣醜陋。

　切斷漁夫的釣線，把接近水邊的家畜拖入水中吃掉，這些還算是小事。

　嚴重時甚至會把人類拖入水裡吞食。

　在陸地上雖然不難應付，但也不能掉以輕心。

　即使是體型很小的跳水獸，也可以利用滑翔的方式將人類撞倒使其跌入水中。

　一旦陷入水中戰，跳水獸的動作會比人類快上許多，更有優勢。

　況且跳水獸還會發出駭人的尖叫聲。

　聽到這個聲音的人，輕者只是嚇得動彈不得，重者會因為驚嚇過度而昏厥或死亡。

　據說跳水獸就是利用牠的尖叫聲，讓接近水邊的動物（包括家畜）或漁夫嚇得跌入水中，再狼吞虎嚥地吃掉。

1　大不列顛島中西部地區。

飛頭

Chonchon

馬普切族的妖術師變成有一對大耳朵的人頭

這是南美智利到阿根廷南部的原住民馬普切族流傳下來的怪物,因其獨一無二的奇特形象而聞名於世。

其特徵是只有一顆人類的頭,長著一對大耳朵。一隻耳朵就比腦袋還要大,耳朵上還長著爪子。

飛頭會揮動雙耳,於空中飛翔。還有一種說法認為牠的形象是人頭下面有小型鳥類的身軀。

說到只有人頭在空中飛行的怪物,還有中國的「飛頭蠻」和日本的「轆轤首」,但把一對大耳朵當成翅膀的人頭卻是前所未聞。

事實上,「飛頭」並不是怪物。

牠是名為 **Kalku** 的馬普切族妖術師[1]，**透過魔法變身而成的**。在新月之夜，Kalku 會將祕藥塗抹在自己的脖子周圍。

接著用雙手把自己的頭拔下來。如此一來，耳朵就會變大，成為飛頭的模樣。也有一種說法不是把頭拔下來，而是把身體縮小成小鳥的身體。

輕鬆打敗隱身飛頭的辦法

飛頭是妖術師變身而成，所以也能使用妖術；此外，一般人無法看見飛頭的模樣。

只有妖術師才能看得到飛頭。

不過一般人都能聽見飛頭的振翅聲和叫聲。

牠會發出「嚓嚓嚓」的叫聲，一般認為這個叫聲就是飛頭（chonchon）名字的由來。

飛頭是隱形的，不容易打敗牠。

不過還是有辦法應付。那就是在地上描繪所羅門的六芒星，再用特殊的方式將背心鋪在上面。

接著念誦兩次由 12 個字組成的祕密咒語，這樣飛頭就會現身，同時因為失去飛行能力而墜落。

在其他飛頭趕來幫忙之前，只能在地上苦苦掙扎。陷入這種狀態的飛頭，任何人都能輕易地打敗牠。

但可別忘記，飛頭不是普通的動物，而是由邪惡的妖術師變身而成的。

若沒能成功打敗牠的話，日後一定會回來報復設下陷阱的人，因此不能為了好玩而進行前面介紹過的儀式。

---

1 據說在馬普切族的妖術師中，使用 wekufe（馬普切傳說中的邪靈）力量的妖術師所使用的是邪惡魔法；反之，使用治癒等善良魔法的術士（女性居多）稱為 machi。

凱爾派

KELPIE

讓騎乘者溺死在水中，將靈魂出賣給撒旦

在蘇格蘭傳說中，「凱爾派」是棲息在水邊和水裡的邪惡精靈。

相傳牠棲息在蘇格蘭各地的水邊、河川、湖泊等地，尤以尼斯湖居多。

外形像馬，毛色也和普通的馬一樣，有黑色、灰色和褐色等顏色，毛質也不錯，但牠的皮膚卻被綠色的濕疹所覆蓋。

凱爾派會出現在河川附近的平原等處。倘若有旅人發現凱爾派，心生貪念想把牠騎走的話，牠就會以迅雷不及掩耳的速度跳進水裡，不會游泳的人[1]，就這樣當場溺斃。

也有一說認為凱爾派是惡魔。被視為惡魔的凱爾派，**在人類溺斃後，會將其靈魂賣給撒旦，自己吃掉剩下來的屍體。**

不過凱爾派不能主動接觸人類。

所以牠會假裝成野馬或逃脫的馬，等待人類上前捕捉。

只要成功地騙人類騎到背上，後面只需要跳進水裡。

不僅如此，據說凱爾派還具備變身能力，變成人類也難不倒牠，但通常都是變成男性。

不過，在凱爾派的傳說中，也有變成美女在河邊戲水的故事，當然這也是把人類拖入水中的伎倆。

英國維多利亞時代的畫作中，就有不少以美女形象描繪的凱爾派。

唯一能夠隨心所欲操縱凱爾派的方法是什麼？

但從另一個角度來看，凱爾派是一匹強壯的馬，如果能抓住牠幫忙工作的話，效率比一般的馬要超出不知多少倍。

某個男人注意到有一隻偽裝成馬匹的凱爾派。

於是他假裝上當，提著劍騎上凱爾派，隨即用劍腹狠狠地敲打凱爾派的鼻梁。這時，馬勒[2]的韁繩斷了，男人若無其事地撿起繩子塞進口袋。

沒想到不可思議的事情發生了，凱爾派突然變得非常溫馴，牠問男人：「主人，您希望我做什麼呢？」。

把馬勒的韁繩收進口袋，原來就是讓凱爾派順從的唯一方法。

只要男人擁有繩子，就能成為凱爾派的主人。凱爾派求男人將繩子還給牠，但聰明的男人並沒有理會牠的要求。回到家後，男人將繩子交給了妻子保管。

從此以後，夫妻倆便將凱爾派當成自己的坐騎。

1　中世紀時，除了漁夫這類特殊職業的人之外，大多數的人都不會游泳。

2　馬銜（讓馬嘴咬住的金屬棒）、韁繩（操縱馬匹的繩子）、籠頭（安裝馬銜和韁繩的皮繩）等套件。

薩堤爾

SATYR

好色到被當作惡魔的半人半獸妖精

「薩堤爾」是希臘神話中的半人半獸妖精。

牠是在酒神戴歐尼修斯（Dionysus）的宴會上，與邁那得斯（maenads，信奉戴歐尼修斯的女性）共事的男性妖精，**以嗜酒、好色與喜歡惡作劇著稱。**

牠不僅喜歡美女，好像也對美少年有興趣。

在希臘神話中，薩堤爾的形象是長著馬的尾巴和尖耳朵的人類。

但在羅馬神話中，薩堤爾的形象卻是下半身為山羊、上半身是人類、長有山羊的耳朵和角、蓄著漂亮的絡腮鬍。

在中世紀以後的畫作中，甚至出現了下半身是人類的薩堤爾。

薩堤爾在基督教被視為一種惡魔。例如新約聖經的以賽亞書中，描述巴

比倫的內容就曾提到：

　　只有鬣狗伏臥在地／成群的貓頭鷹佈滿各個房屋／鴕鳥住在那裡，山羊魔神跳舞狂歡

　　由此可見，基督教將好色的薩堤爾視為惡魔。

　　不僅如此，中世紀以後的惡魔們之所以有山羊的角或腿，也被認為是受到羅馬神話中薩堤爾的影響。

　　由於牠的外形與希臘神話中的牧羊神潘（pan）極為相似，因此經常被混為一談；但潘是單一神祇，而薩堤爾是一群種族，這是兩者的不同之處。

　　當然，力量也有差異。但牠們同時卻也有都被視為豐穰的化身等許多的相似之處。

好色的薩堤爾對寧芙的美色垂涎三尺

　　好色的薩堤爾特別鍾情美麗的寧芙。

　　繪畫中經常可見薩堤爾在寧芙後面追逐的景象。

　　文藝復興時期以後，開始有許多描繪薩堤爾幼兒到少年模樣的畫作。

　　不僅如此，甚至還出現了原本不存在的女性薩堤爾。

傑伯沃克

JABBERWOCK

於《愛麗絲鏡中奇緣》的「詩」中登場的飛龍

「傑伯沃克」是一隻細長的飛龍。

除此之外，沒有任何神話或傳說提到關於傑伯沃克的資訊。

這也是理所當然的，**因為傑伯沃克只出現在路易斯・卡羅於《愛麗絲鏡中奇緣》（1871年）中誦唱的詩《傑伯沃克之詩》當中，是屬於完全虛構的怪物**。

傑伯沃克並沒有出現在《愛麗絲鏡中奇緣》的故事當中，**牠是《愛麗絲鏡中奇緣》的詩中出現的怪物**，這一點請別弄錯了。《傑伯沃克之詩》是以鏡像文字書寫，內容非常荒謬，是用英語和卡羅自創的詞彙撰寫而成。

『吾之子啊，別對傑伯沃克掉以輕心！／小心牠那咬人的下顎，那抓人的爪子！』

傑伯沃克那炯炯發光的眼神，如火焰一般熊熊燃燒／牠從森林深處以破風之勢襲來，發出懾人的低吼聲。

明明是龍，為什麼會穿著背心!?

詩中幾乎沒有提及傑伯沃克的形象，但在《愛麗絲鏡中奇緣》的初版中，約翰‧坦尼爾（John Tenniel）所描繪的插圖（如下圖）形象，被認為是正式的傑伯沃克形象。

這隻身體細長的飛龍，有著一張長有觸手的臉，卻不知為何和人類一樣穿著背心，讓人不禁會心一笑。

017

毒茄蔘

MANDRAGORA

魔女和鍊金術師所使用的藥草，為什麼會變成怪物？

嚴格來說，「毒茄蔘」（又叫曼德拉草）並非怪物，它是鍊金術師或魔女為了製作藥物而採集的一種藥草，日語中有時稱為「戀茄子」。

那麼，這樣的藥草為什麼會被當成怪物呢？

光從地面上看，毒茄蔘就和普通的草沒有兩樣。

但根部卻長得有點像人類。不僅有兩隻腳，還有相當於手和頭的部分，甚至也有眼睛和嘴巴。

此外，**成熟的毒茄蔘會自行從地面爬出來，在路上走動**。

之後又彷彿若無其事一般，把自己埋進土裡。從這層意義上來看，可以說牠並非普通的植物。

試圖拔出毒茄蔘的人將遭遇世上最可怕的不幸

相傳毒茄蔘在錬金術和魔法中是壯陽藥、毒藥，甚至是長生不老藥的原料，因此有為數不少的魔術師和錬金術師都想得到毒茄蔘的根。

然而，採集毒茄蔘並非一件容易之事。

更重要的是，從地下拔出來的毒茄蔘會發出淒厲的慘叫聲，而且拔出毒茄蔘的人只要聽到這聲慘叫，不是喪命就是失去理智。

於是，人們想出一種用狗採集毒茄蔘的方法。

首先將毒茄蔘周圍的土壤挖開，使其容易拔出。

用繩子將狗的項圈和毒茄蔘葉的根部綁在一起。

飼主從遠處呼喚狗過來，當然飼主必須把耳朵塞住。

狗聽到飼主的叫喚，便朝飼主的方向衝過去，這時被綁在一起的毒茄蔘會跟著從地下拔出，同時發出慘叫聲。

雖然狗會因為聽到毒茄蔘的慘叫聲而暴斃，但站在遠處塞住耳朵的主人可以安全地獲得毒茄蔘。

從地下拔出來的毒茄蔘，拿在手上也沒有危險。

一條狗的性命和珍貴的毒茄蔘，不用想當然是毒茄蔘比較重要。

事實上，**毒茄蔘這種植物是真實存在的**。因為根部有好幾條分支，所以有時候看起來就像是人類的手腳。

此外，它含有大量的生物鹼類藥物，也是食用會致死的毒物。

不過，**攝取不至於死亡的少量毒茄蔘，只會產生幻覺和鎮痛效果。**

毒茄蔘這種幻想生物，大部分的特徵都和真實存在的毒茄蔘一樣。

當然牠不會像傳說中的那樣，在被拔出來的時候發出慘叫聲。

018

鬼

ONI

「鬼」這個字原本是「幽靈」的意思

「鬼」是日本怪談中最經典的怪物。

牠的樣貌是紅色或藍色，有時是黑色的皮膚，頭上有一兩根角，尖牙從嘴裡露出。穿著虎皮兜襠布、手持鐵棒的著名鬼怪形象，早在江戶時代就已經形成。

然而，知道其本質的人並不多。

在更古老的時代，「鬼」是各種異常事物的總稱。

例如，異常醜陋的人、居住在邊境的野蠻人、長相奇特的異邦人、犯罪者、異常強壯的人、超自然的可怕事物等，全都以「鬼」稱之。

在平安時代的《百鬼夜行》繪卷中出現的鬼，並沒有現代所謂的鬼，而

是形態各異的妖怪一字排開。

關於日本鬼的原型，折口信夫[1]提出「鬼」是「大人」的觀點，認為牠是一種巨人。

另外，近藤喜博[2]主張鬼是在自然威脅下所產生，這大概與古代《萬葉集》中把「鬼」稱為「物[3]」的說法有關。

在中國，「鬼」這個漢字原本是「幽靈」的意思。

人類有七魂六魄，死後魂會前往天界，魂魄會化為鬼前往地下冥界。不過，如果是因為自殺或者帶著怨念而死，留在地上的魄就是「鬼」。

一般認為，這個「鬼」傳入日本後，和「隱」這個表示「隱藏的東西」的字結合在一起，才形成這種怪物。

不僅是幽靈，這個字也代表平時隱藏看不見的東西，也就是怪物、妖怪等意思。

擊退鬼而成為源氏相傳名劍的兩把刀

說到日本最早打鬼的著名人物，非渡邊綱莫屬。

他以擊敗名為大江山酒吞童子的鬼，以及在京都一條戾橋砍下鬼的手臂而聞名。

順帶一提，當時砍下手臂的刀，是他從主君——源賴光那裡借來的「髭切太刀」。

這把刀是與「鬼丸太刀」齊名的源氏相傳名劍之一。

現在這兩把刀被認為是同一把並收藏於京都北野天滿宮。

1　折口信夫（1887-1953），日本民俗學家兼歌人，也是柳田國男的知名弟子，日本民俗學之祖。
2　近藤喜博（1911-1997），日本民俗學家。進行神道研究，特別是稻荷神社的研究等。
3　所謂的「物」，是指無法解釋的超自然可怕力量。

野狗子

YAKUSHI

吃人腦漿的可怕怪物

「野狗子」是一種吃人腦漿的怪物，出現在中國怪誕小說《聊齋志異》當中。

牠的形象是人身獸頭。因為名字中有野狗兩字，一般認為頸部以上都是狗的模樣。

無論活人或屍體，只要是人腦都會吃。屍體可以輕鬆享用，所以牠**經常在有大量屍體的戰場等處出沒。**

對野狗子來說，那裡就像遍地都是食物的餌食場吧。

不僅出現在戰場，也是預示戰爭的存在

《聊齋志異》是如此介紹野狗子的。

在清朝發生的於七之亂（1661）中，李化龍以叛軍的身分作戰，結果不幸落敗。

就在逃命的過程中，正好遭遇清朝的近衛軍大隊。李化龍為了留住一命，假裝成躺在地上的屍體。

他本想一直裝死到情勢穩定下來，想不到這時被砍死的屍體們竟然陸續動了起來。其中，有一具遭到斬首、腦袋幾乎要掉下來的男人屍體。

它低聲呢喃道：「野狗子快來了，這下怎麼辦？」。

接著，其他的屍體也跟著問怎麼辦，不一會，所有屍體都紛紛倒在地上動也不動。

眼見此景，李化龍嚇得想要起身。就在這時……

李化龍的眼睛看到某種奇怪的生物。這個生物的身體是人類，頭部則是野獸。

牠彎下身子，吸食著屍體的腦漿。

李化龍不想驚動牠，於是拚命地把自己的頭埋在屍堆下面。

然而，眼尖的怪物很快便注意到李化龍的存在，牠用可怕的力量撕開藏著他的屍體。李化龍雖然死命地抓住屍體，但最終還是露出馬腳。

就在怪物即將咬到李化龍頭部的那一刻，他猛地站起身來，隨手拿起手邊的石頭砸在怪物的臉上。幸運地，石頭正中怪物的嘴巴，怪物發出一聲慘叫便一溜煙消失了。

跟著怪物留下的血跡，在血泊中發現了兩顆尖銳彎曲、長約 4 寸（12公分）的牙齒。後來李化龍把這兩顆牙齒帶回去給其他人看，但沒人知道那是什麼生物的牙齒。

不過，有些地方傳說野狗子吃的不是大腦，而是心臟。

還有一說認為，野狗子出現在戰場不是為了吃屍體，而是即將發生戰爭的前兆。

020
殭屍
JIANGSHI

吸食人類家畜的血，沒有血就無法動彈

「殭屍」是中國的妖怪，又叫做「跳屍」。這是明清時代流傳於民間的傳說，據說是透過魔法復活死後呈僵硬狀態的屍體。越南和韓國等地也有同樣的怪物存在。

原本是對死後變得僵硬的屍體，以及在僵硬的過程中看似動起來的屍體感到恐懼而產生的怪物。

殭屍雖然死後呈僵硬狀態，但身體不會再腐爛，這點與西方的喪屍不同。不過由於身體僵硬，無法正常行走，因此只能雙手向前伸直，一蹦一跳地移動。

殭屍害怕陽光，白天只能躲在棺材裡或者地窖、洞穴等處。**到了晚上，**

牠們就會出來吸食人類或家畜的血，因為如果沒有血液，殭屍便會無法行動、動彈不得。

起源是道士為了一次搬運大量屍體，而對屍體施展魔法

殭屍的傳說據說是從道士[1]出外工作，使用魔法把屍體運回故鄉開始流傳的。**道士一個人根本搬不動那麼多具屍體，於是道士對屍體施展魔法，讓屍體自己動起來。**

目前為止所介紹的殭屍雖然看起來令人毛骨悚然，但不像怪物會對人類造成危害。不過在《聊齋志異》的「屍變」中，卻有屍體在沒有魔法的情況下變成殭屍襲擊人類的故事。

滂沱大雨中，有四名找不到地方住宿的旅人。有個村民可憐他們，於是提議讓他們借住一宿，不過房子不大，只有靈堂可以借他們休息，而且那裡還放著剛過世不久的兒媳婦遺體。即便如此，也總比露宿野外要好，所以四人決定在那個村民的家中借住一宿。四人中的三人因為疲憊，很快便進入夢鄉，只剩一人還沒睡著。

這時，放置遺體的床傳出一陣聲響。旅人側眼一看，居然看見死去的女人起身走向他們。接著，她來到其中一名熟睡中的旅人旁邊，對他吹了一口氣。對其餘兩人也吹氣之後，她走向這位還沒睡著的旅人。害怕得不得了的旅人，用被子蒙住自己的頭，才免於遭到吹氣。

女人回到原處躺下，這名旅人立刻光著腳逃出屋外，女人見狀也跟著跳下床來，在後面窮追不捨。就在快要喘不過氣的時候，他看到附近有一棵約4、5尺（1.2~1.5公尺）粗的樹，於是趕緊將樹幹當成盾牌。

這時，死者伸出雙臂，像是抱住樹幹一樣用雙手不停地摸索；旅人嚇得當場暈死過去，但死者就這樣抱著樹幹動也不動了。

天亮後仔細一看，才發現她的指甲已經深深地刺進樹幹裡。旅人回到投宿的家，發現不僅女人的屍體消失，另外三名旅人也全死了，眾人聞之不禁嘩然。原本打算四人結伴回到家鄉，卻只有自己逃過一劫，旅人對其他人的不幸遭遇悲嘆不已。

1　中國道教的僧侶。男道士稱為乾道，女道士稱為坤道。
　　不過在傳說和故事中，有時也會用來指「使用魔法的人」。

視肉

SHIROU

怎麼吃都不會減少的長生不老肉，也會帶來災難

「視肉」是中國古代博物之書《山海經》中所介紹的神秘生物。

各地都有發現視肉的報告，不過這些都不是出現在中國境內，而是在國外的邊境地區。

經典名稱	描述
海外南經	中國南方的狄山有視肉。
海外北經	三桑東方的平丘有視肉。

海外東經	髦丘有視肉。
海內西經	開明獸所在的門北邊有視肉，南邊有樹的地方亦有視肉。
大荒東經	東北海外有視肉。
大荒南經	赤水東方的蒼悟原野有視肉，驪頭國、蓋猶山、南類山上亦有視肉。
大荒西經	沃野有視肉。
大荒北經	附禺山有視肉。

　　視肉又叫做「聚肉、太歲」等。有人說牠是沒有手腳、只有兩隻眼睛的肉塊，但也有人說表面有無數的眼睛，說法眾所紛紜。

　　視肉埋在土裡，很少被人發現。

　　最大的特點在於，**不管撕下多少肉，過一段時間就會恢復原狀**。

　　因為這個緣故，使得視肉以永遠都吃不完的食物而廣為人知。據說視肉會散發出香氣且非常美味。

　　不過，視肉會在地底移動，出現在發生災害的地方，所以發現視肉也可說是一種凶兆。

名字雖有「肉」字，卻不是肉，而是一種蕈類

　　視肉也稱為「肉靈芝」，和靈芝[1]同為蕈類的一種，也有人認為它是一種黏菌，總之它不是肉。

　　相傳視肉是長生不老的食物，神話古代的皇帝吃了視肉之後就能活到百歲以上。

　　即使到了現在，中國國內有時也會在地下或水中發現一些疑似視肉的不明肉塊。

1　靈芝科的蕈類，在民間漢方中是長生不老的靈藥。如今受到大量栽培，作為健康食品銷售。

022

縊鬼

YIGUI

每晚出現在自己上吊之處的中國死神

「縊鬼」是中國傳到日本的一種妖怪，不過在中國和日本都被視為是一種引誘人類上吊的死神。

在中國，死後的世界就像衙門一樣，死者在那裡當官。但是，上吊自殺的人不僅不能當官，下次投胎轉世的優先度也很低，當然也不能晉升為神（從人晉升為神），這樣的死者就會變成縊鬼。

縊鬼每晚都會帶著繩子出現在自己上吊自殺的地方，重現當時的場景。

有個人在旅館看見縊鬼，那是一名年輕女子。

女子化妝梳頭，換上漂亮的衣服，把自己打扮得漂漂亮亮。

隨後上吊自殺。緊接著，她閉上眼睛，眉毛倒豎，舌頭吐出，變成駭人

的樣貌。後來在四處打聽之下，才知道有可能是上吊自殺的兒媳婦所變成的縊鬼。

縊鬼的可怕之處在於牠會引誘人上吊自殺。

任何人來到縊鬼所在之處，都會有一股莫名的衝動想上吊自殺。縊鬼在別處幾乎沒有力量，但在自己上吊的地方卻有非常強大的力量。

縊鬼想讓其他人上吊的原因是什麼？

相傳有位姓張的人，他有棟樓房有縊鬼出沒，因此不能住人，只得將大門深鎖。

後來有名年輕書生前來拜託張先生將樓房借給他。

張先生斷然拒絕了這個要求，但書生卻威脅張先生說，如果不肯借他的話，他就擅自住進去。

後來，張先生發現書生可能是仙狐（修煉仙術的狐狸）的化身，於是便將那棟樓房借給了他。張先生暗忖，仙狐應該有辦法對付縊鬼。

到了隔天，樓房裡的燈亮起，也開始傳來熱鬧的聲音。張先生以為仙狐把縊鬼趕走了，心裡不禁鬆了一口氣。

但過了一會，樓房裡突然安靜下來。

張先生以為仙狐待膩所以離開了，不料往裡面一看，有隻黃色的狐狸吊在空中。

可見連仙狐也不是縊鬼的對手。

話說回來，為何縊鬼要讓其他人上吊呢？

據說那是因為牠們想要自己的替身。等待投胎轉世的縊鬼，必須有人取代自己。

不過，這個替身必須是和自己一樣上吊自殺的人。為了讓這個人上吊，於是在自己死去的地方設下陷阱。

就在看膩了史萊姆和哥布林的時候險些被殺

史萊姆、哥布林、史萊姆、哥布林、史萊姆……。

踏上冒險者之路過了一個禮拜。在城鎮外遇到的怪物，全是史萊姆或哥布林。

當然，我一開始是按照館長說的方法進行戰鬥。

但現在跟這些傢伙戰鬥，我已經可以毫髮無傷，也完全用不到回復藥。

所以，我試著一步步遠離城鎮。

但還是只有史萊姆和哥布林出現。

而且這次哥布林一看到我，立刻拔腿就跑。

所以我便追了上去。

當我的腳踩在柔軟的地面時，第六感告訴我有危險。

我連忙停下腳步，環顧四周，掌握現狀。

原來我被哥布林引誘到了史萊姆的沼澤地。

前方來了一群哥布林。

中間則是小精靈。

沼澤裡還有數不清的史萊姆。

小精靈露出不懷好意的笑容，這時我立刻轉過身去，拚命地往

城鎮的方向奔跑。

這時背後好像被什麼東西打中，但我無暇理會這些。

正當即將衝進城鎮的時候，門口的衛兵把我絆倒。

害我狠狠地跌了一跤。

我抬頭一看，熟識的衛兵露出可怕的表情把我壓制在地，隨後將黏在我背上的一隻小史萊姆拔了下來。

「你逃離史萊姆的速度還真快。」

衛兵忍住笑意如此說道。

史萊姆的移動速度不快，只要逃跑就不可能被牠追上。

我猜，一定是小精靈把史萊姆扔到我的身上。

衛兵們都不相信我說的話。

我也未曾聽說過雜魚怪物會利用其他怪物進行攻擊這種事情。

於是我決定去向館長報告這件事。

遊戲、漫畫和小說的主角，為什麼都是戰士系的呢？

在神話和傳說中，英雄的使命就是打倒怪物。當然，也有與神對抗甚至打倒神的怪物，但大多數的怪物都是被英雄打敗的。

其中最具代表性的就是希臘神話中的海克力士。本書所介紹的怪物中，九頭蛇（228頁）、厄律曼托斯山的野豬（200頁）、克爾柏洛斯（154頁）等怪物，都遭到海克力士打敗或捕捉。

希臘神話中，除了海克力士之外，還有許多打敗各種怪物的英雄。珀爾修斯、忒修斯、貝勒羅豐、伊底帕斯等人，不僅和怪物的傳說一起登場，甚至殺死這些怪物，像這樣的英雄故事不勝枚舉。

當然，不光只有希臘神話。世界各國的神話中，英雄的目的都是打敗怪物，其中又以屠龍的故事最多。

其中最有名的當屬北歐神話中被譽為「屠龍英雄」的西格魯德（齊格飛）。

另外，印度神話中的英雄大多是參與戰爭，很少與怪物戰鬥，不過持斧羅摩（Parashurama）打敗了魔族阿修羅，所以姑且也算是打敗怪物的英雄。

中國神話中最著名的就是在《封神演義》和《西遊記》中登場的二郎真君，據說他是以打敗蛟龍的道士趙昱為原型的人物。

日本神話中也有日本武尊打敗酷似龍的怪物八岐大蛇的故事。不過，日本武尊是運用智慧打敗怪物，而不是憑藉武勇，這點與其他的英雄不同。

有趣的是，大部分英雄都是用劍、槍、弓箭等武器來打敗怪物，很少會使用到魔法。

這或許就是奇幻創作作品的主角清一色都是戰士系角色，拿著武器打敗怪物這個形象的由來吧。

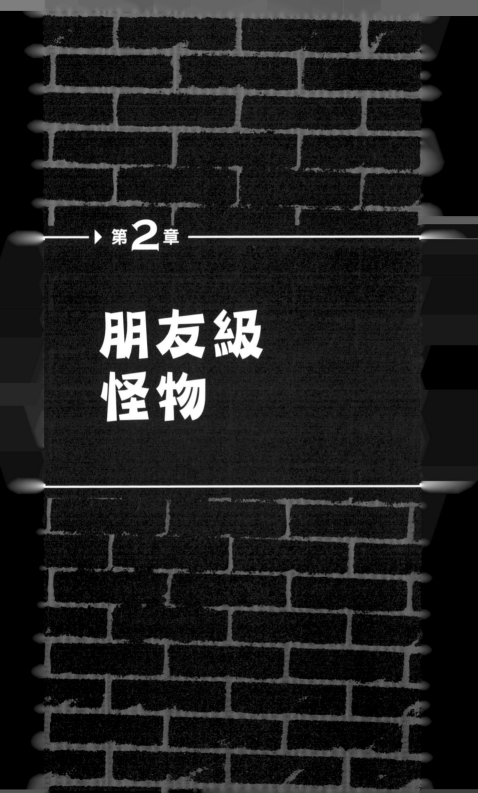

第 2 章

朋友級
怪物

【怪物資料館館長的訊息②】

「妖精和矮人
其實並非怪物」

　　今後你們一定會離開城鎮，以冒險者的身分到遠方旅行，並在途中遭遇各種怪物吧。

　　但是，並非所有遇到的怪物都是敵人。

　　因為其中還有妖精或矮人等異種族。

　　今天就讓我們來認識一下這些異種族吧。

　　……什麼？把妖精跟矮人拿來與怪物相提並論感覺很奇怪？我想也是。

　　但事實上，牠們並非怪物。

　　那麼，為何本怪物資料館要特地介紹異種族的資訊呢？

　　那是因為如果把異種族誤認為怪物，跟牠們戰鬥的話，事情就麻煩了。

　　……應該不太可能把妖精和矮人誤認為怪物？

　　那麼，乾闥婆算是怪物嗎？

　　……沒聽過乾闥婆？

　　乾闥婆是半人半鳥形態的種族。

　　不知道這件事的冒險者，如果將乾闥婆誤認為鳥身女妖，一遭遇便立刻發動攻擊，猜猜看會發生什麼事？

　　乾闥婆也會對突然攻擊牠們的人做出反擊。一旦演變成互相攻擊，彼此不就跟具有攻擊性的怪物沒有兩樣？

　　但是，這跟只在當下和怪物戰鬥不同，種族之間的戰鬥會把彼此的同種族牽連進去，導致仇恨不斷擴大。

　　最壞的情況下，甚至有可能發展成種族之間的戰爭。

　　當然，這附近的種族都很友善。人類對於妖精和矮人來說，可說是友善的種族。

　　不過世界上也有敵對的種族。

　　舉例來說，你可曾聽說過妖精和矮人的關係不好？事實上，雖然不至於到敵對的程度，但也不能說關係很好。

　　正因為如此，妖精和矮人都會注意避免引發衝突。正因為是敵對的種族，才更要小心避免從小小的爭執演變成全面戰爭。

　　這個世界上有很多無法好好溝通的怪物，因此應盡量避免把可以溝通的種族當成敵人。

　　因此，本怪物資料館不僅要向有能力離開城鎮的冒險者介紹怪物，還會傳授異種族的知識。

　　然而，世界如此廣大不可能全部都介紹到，應該還有許許多多人類尚未交流過的種族。

　　如果遇到陌生的種族，我衷心期盼這次的相遇能夠建立信任和友情。

　　假如彼此都認定對方是怪物的話，雙方都得付出大量的鮮血為代價。

　　周遊世界的冒險者，也是各個種族的代表。

　　期待你們在行動時帶有身為人類代表的自覺。

023
妖精
ELF

妖精曾是神之王國的國民

「elf」是在北歐神話中登場的妖精，同時也是經常出現在奇幻作品中的長壽美麗人型種族。

但這些並非唯一的妖精，各地的妖精形態和生態都大不相同。

妖精最早出現的地方，是中世紀的斯堪地那維亞半島。只是在當地的語言，這個種族不是elf，而是稱為álfr。

這就是elf一詞的語源。根據記載北歐神話的手抄本《詩體埃達》描述，豐饒神——弗雷（Freyr）是妖精王國的國王；換言之，**妖精們是神之王國的國民**。

這種和人類一樣或者更優秀的妖精，就是J.R.R.托爾金所著的《魔戒》

中妖精的原型。

以《魔戒》中的妖精為原型的角色，開始出現在大量的奇幻小說和遊戲當中。**我們現在所認為的妖精，幾乎都是根據托爾金的妖精創作出來的。**

看見妖精尾巴的人會受到意想不到的報復

北歐神話的妖精（álfr）與前面介紹的妖精形象略有不同。

北歐神話的妖精分為「光之妖精（Ljósálfar）」和「闇之精靈（Dökkálfar）」。

這些是遊戲中出現的妖精和闇之妖精的名字由來。

確實，Ljósálfar 與我們熟悉的妖精非常相似。

但是，Dökkálfar 並不是闇之妖精，牠們是住在地底的妖精，也就是矮人的意思。

此外，北歐神話的妖精外觀也不一樣。以丹麥的精靈為例，其正面看起來很正常，後面卻是空無一物。

另外也有傳說提到，妖精有一條牛尾巴。對妖精而言，尾巴被人看見是莫大的恥辱，牠們會不惜一切代價來洗刷這個恥辱。不過也有一個小故事說到，有個男人注意到眼前的女人裙子下露出了尾巴，這時男人想起妖精的習性，於是用優雅的語氣提醒這位女性：「小姐，妳的吊襪帶鬆了。」

妖精聽懂了他這句話的意思，可能是感激之情超越恥辱感的緣故，後來她幫助這個男人過著幸福的一生。

英國的妖精與北歐的妖精不同，體型比人類小得多，牠們會利用昆蟲翅膀在空中飛舞。

在莎士比亞的《仲夏夜之夢》中，妖精女王緹坦妮雅也稱牠們為「我的小妖精們」。

同樣是英國，但蘇格蘭地區的妖精體型就和人類差不多大。

不過「elf」在蘇格蘭似乎是一種貶義詞，蘇格蘭民謠中就有「要是叫我 imp 或 elf 的話，我會給你點顏色瞧瞧」這一句話，由此可見這似乎是與小惡魔（imp）同樣的惡劣稱呼。

也就是說，「elf」在歐洲或許可以說是作為「妖精」這個廣義的詞語來使用。

妖精

024

矮人

Dwarf

巨人屍體上的蛆被神賦予智慧和形狀，變成了矮人

　　矮人是一種身高比人類矮的人型種族。一般來說，身高比人類略矮一些（1公尺多一點），但身材較為寬大結實。不過，傳說中也有身高只有人類幾分之一（30～40公分）的小小「矮人」。

　　矮人（dwarf）一詞是從日耳曼語的「duergar」或丹麥語的「Dværg」引進英語的。

　　在《尼伯龍根之歌[1]》中，duergar是技藝精湛的鐵匠和工匠，有時也會打造諸神的武器。北歐神話中，最高神奧丁的岡格尼爾（Gungnir），以及女神希芙（sif）的黃金頭髮等諸神的寶物，都是duergar打造出來的。

　　而根據《詩體埃達[2]》的描述，Dværg是**從遠古巨人尤彌爾的屍體上冒**

出的蛆蟲，被眾神賦予了智慧與人型。

但也有一說認為，同樣在北歐神話中登場的「闇之妖精」就是Dværg。

事實上，《詩體埃達》中出現在《巫女預言》裡的Dværg中，也有像「甘道夫（gandalf）」或「風之妖精（Vindalf）」一樣，名字後面帶著「～alf」的人；不僅如此，甚至還有直接以「alf」命名的Dværg。

這時候的Dværg完全沒有身矮體寬這類描述。

換言之，當時的Dværg被認為是眾神賦予牠們人型，身高和體格跟一般人類沒有兩樣。

據說Dværg是在13世紀創作的薩迦[3]（saga）開始才變成小人的。

矮人

從《魔戒》徹底改變成嬌小滑稽的矮人形象

矮人到了近代變得更嬌小、更滑稽。**於《格林童話[4]》中的《白雪公主》出現的七個小矮人，英文版就叫做dwarf**。

徹底將矮人變成嬌小滑稽形象的是**J.R.R.托爾金所著的《魔戒》**。

這部作品中的矮人雖然身高比人類矮，但體格健壯，力氣也很大。男女都蓄著鬍子，以金屬加工為生，打造出來的作品品質甚至超越了妖精。

儘管不像妖精那麼長壽，但也能活200年以上。

《魔戒》的影響非常深遠，使得之後出現的矮人大多都和《魔戒》一樣有著相同的形象和性質。

1　13世紀開始在德國形成的敘事詩。
2　記載於1643年發現的《皇家手稿（Codex Regius）》當中，為描述北歐神話的歌謠詩，據說是在13世紀左右整理出來的，又稱為《詩體埃達》。
3　中世紀於冰島創作的大量散文故事。比起神話，更多的是以冰島和北歐發生的事件作為題材。
4　格林兄弟於1812年撰寫的德國民間故事集。

025

哈比人

HOBBIT

原本並沒有哈比人這個種族，小人就是指矮人

　　哈比人是一種性情和善的小人，平均可以活到約100歲。

　　身高約60到120公分，腳底皮厚，長滿亂蓬蓬的毛，所以只能打赤腳生活。

　　牠們喜歡在農村種植作物，過著平靜的生活，對啤酒和煙斗情有獨鍾；還有一說認為，吸菸文化本身就起源於哈比人。

　　牠們會在村子裡種植優質的小麥和菸草等作物，再將其加工製造成艾爾啤酒。

　　雖然同樣是小人，但幾乎沒有哈比人跟矮人一樣留著鬍子。

　　儘管哈比人的身材嬌小脆弱，但牠們卻有著堅韌的精神，能夠抵抗邪惡

的誘惑。

　然而，如此和善的哈比人並沒有出現在任何國家的神話當中。

　因為哈比人這個種族本身就是J.R.R.托爾金在《哈比人歷險記》中所創造出來的角色。

　哈比人還在《魔戒》中擔綱主角，使得牠的名字在全世界廣為流傳。

　當然，開朗善良的小人是民間故事中常見的種族。不過，那些都是矮人，並非哈比人。

　但托爾金卻將小人分成兩個種族。

　身材結實，個性固執，善於鍛造和工藝的小人是矮人；身材矮胖，個性開朗，以務農為業的小人是哈比人。

勇敢地從魔掌中拯救世界的哈比人佛羅多

　哈比人對世界最大的貢獻就是摧毀了受到詛咒的「至尊魔戒」。哈比人比爾博·巴金斯在《哈比人歷險記》中得到一枚魔法戒指。

　然而，那枚戒指其實是受到詛咒的戒指。

　而且那枚戒指擁有強大的力量，一旦落入邪惡陣營的手中，世界就會被黑暗所支配。

　於是，比爾博的養子佛羅多前往能夠摧毀戒指的火山，將戒指扔進了火山口的熔岩中，成功拯救世界免於魔掌。

　《魔戒》中描述的就是這段冒險旅程。

026

列布拉康
LEPRECHAUN

不知為何只製作一隻鞋子的妖精界鞋匠

愛爾蘭傳說和民間故事中登場的妖精小人。

有時也稱為「cluricauns」或「far darrig」。牠身穿紅色衣服，頭戴紅色帽子。

雖然現在多半都是身穿綠色衣服的「列布拉康」，但綠色衣服的列布拉康也是在20世紀才出現的。

19世紀的詩人薩繆爾・羅弗（Samuel Lover）於《愛爾蘭的傳說和故事》中曾寫道：「列布拉康身著紅色的燕尾服。」

關於牠的身高眾說紛紜，有人說差不多1公尺高，也有人說只有手指那麼長。

列布拉康多半是老人，雖然也是有中年人，不過皆為男性，不存在女性的列布拉康，而且所有的列布拉康都是獨自生活。

列布拉康在愛爾蘭叫做leithbrágan。

威廉・巴特勒・葉慈（William Butler Yeats）認為這個詞是「單腳鞋匠」的意思[1]。

正如其名，牠只會做一隻鞋這種沒用的東西，但妖精們不知為何總會拜託列布拉康製作鞋子。

列布拉康雖然不是壞妖精，但也不會為人類工作。

抓到列布拉康就能成為大富翁!?

列布拉康能夠嗅出隱藏寶藏的位置。

因此牠們非常富有。只要抓住列布拉康，逼牠說出財寶的位置，你也能成為大富翁。

但是，列布拉康的速度非常敏捷，要抓住牠不是一件容易的事。列布拉康喜歡騎在綿羊或山羊的身上四處遊玩。

如果沒有綿羊或山羊，有時也會用狗來代替。牧羊人認為，如果羊一大早出現莫名的疲勞，就是被列布拉康騎過的證據。

司馬遼太郎在《漫步街道（街道をゆく）》中寫道，愛爾蘭確實有「注意列布拉康橫越馬路（Leprechaun crossing）」這樣的警示牌。

只不過，這句話究竟是認真的？或只是「注意動物」的玩笑話，就不得而知了。

1　更準確的研究認為這是民間信仰，真正的語源其實是「小人」。

027

小仙子

PIXIE

農夫多虧有小仙子的幫忙而成為大富翁的故事

「小仙子」是一種小巧玲瓏、身高只有20公分、長著翅膀的妖精。

小仙子的語源不得而知，有人說是從瑞典語的 pyske（小妖精）而來。作為佐證，據說康沃爾郡[1]的人都稱小仙子為 piskie。

牠們雖然是喜歡惡作劇的妖精，但基本上對人類很友善，會幫助人類做各種事情。

有個發生在農夫家的故事。農夫聽到空無一人的穀倉裡傳來打麥子[2]的聲音，農夫暗忖：「哈哈，是小仙子做的吧」於是便置之不理。

到了隔天早上，脫穀工作結束，小麥順利地分成稻草和稻穀。農夫為了

表示感謝，於是在那裡留下起司和麵包。

接著隔天和第三天，脫穀作業也持續進行，農夫每天都留下起司和麵包。後來，穀倉裡所有小麥都脫穀完畢的第二天，奇怪的是還有打麥子的聲音。

仔細一瞧，小仙子不知從哪裡拿來了魔法小麥，正在進行脫穀作業。於是，每天都得到魔法小麥的農夫，就這樣成了大富翁。

另一個農夫則是不動聲色地偷看小仙子的工作景象。

他發現小仙子們的衣服都破舊不堪，於是為牠們準備了新衣服，而不是起司和麵包。小仙子看到新衣服後開心地說：「這樣就不需要工作了。」之後便再也沒有出現過。

中年男性、赤身裸體、身穿綠衣的老人……描繪成各種形象的小仙子

奇妙的是，據說小仙子能在水面上行走，也能在地面上揚帆航行。更不可思議的是，**牠們不知道悲傷，也不懂得害怕。**

有一說認為，小仙子是洗禮前死去的孩童，或是基督教傳入前的德魯伊僧侶。

因為沒有接受洗禮，所以無法進入天堂，但也沒做過什麼需要下地獄的壞事。

小仙子出現在英國西南部的民間傳說當中，各地的傳說略有不同。

索美塞特郡的小仙子雖然只有人類手掌那麼大，但有需要的話也可以變成和人類一樣大。紅色的頭髮、斜視的眼睛、高翹的鼻子、大大的嘴巴，年齡看起來像中年男性。

德文郡的小仙子皮膚白皙、身材纖細、一絲不掛。

康沃爾郡的小仙子則是老人，身穿綠色衣服。

1　英國西南部的突出地區如此稱呼。
2　敲打麥穗，使其脫穀（麥粒從麥穗上脫落）。

028

樹人
ENT

散發壓倒性存在感，動作超緩慢的樹巨人

　　像樹一樣的半植物巨人，不過並沒有出現在神話或傳說當中。牠是在J.R.R.托爾金的《魔戒》和《精靈寶鑽》中登場的虛構生物。

　　托爾金的作品擁有極大的影響力，使得「樹人」也和半獸人一樣，散發出與神話和傳說中的生物一樣，甚至有更強的存在感。

　　樹人看起來就像是一棵移動的大樹。

　　姑且有臉和手腳，但只能勉強看出宛如眼睛和嘴巴的樹洞，手腳也只像粗大的樹枝和樹根。

　　在托爾金創造的世界「中土」裡，樹人是根據女神雅凡娜（Yavanna）的願望而誕生。雅凡娜擔心大自然受到人類或矮人的破壞，因此希望有保護

這些植物的存在。創造神伊露維塔（Ilúvatar）回應了她的願望，於是創造出樹人。

儘管樹人的職責是保護和培育樹木，但並非完全不允許砍伐植物，牠們並不會怪罪收集柴火、開墾荒地種田等行為，但絕不容許大面積砍伐森林的行為。

樹人非常有耐心，行動也很緩慢。

樹人的語言也是講得非常緩慢的獨特語言，對人類來說實在慢得無法忍受。樹人做重大決定時必須開會，但會議卻都很難進行下去。

長壽種族樹人無法留下後代而衰退的意外原因

樹人是在長期衰退中生存的種族。過去樹人也有女人和小孩，跟樹人掌管樹木一樣，女樹人負責掌管花草。

為了分擔這個任務，樹人和女樹人分開生活。

然而，**女樹人所守護的花草之地卻因戰爭而荒廢，在那之後，女樹人便和花草一起消失。**

只剩下樹人獨自生存，無法增加數量。

樹人儘管長壽，但最後會變成普通的大樹，一動也不動。這雖然不是死亡，但對樹人來說跟死亡沒有兩樣。

就這樣，樹人的數量逐漸地減少。

只要有水，樹人就能生存下去。牠們飲用的水是具有成長力量的樹人之水，這種成長力量對樹人以外的生物也有效，像飲用樹人之水的哈比人就成了史上身高最高的哈比人。

不知是否樹人之水的功效，樹人的身高從幾公尺到幾十公尺不等，而且還具備相應的力量。

若被樹人正面擊中，就連巨魔（Troll）也能打飛。加上本身就是樹木，弓箭和刀等武器根本傷不了牠，也不怕毒，只有用強力的斧頭砍伐或者放火才能傷及樹人。

在RPG《龍與地下城》中，由於版權的關係沒有使用樹人這個名稱，而是叫做「樹木人」；之後的遊戲和小說裡，多半也使用這個名字。

029

寧芙
NYMPH

海中的寧芙所產下的英雄阿基里斯

　　「寧芙」是希臘神話中登場的下級女神或精靈，希臘語為Nymphē（複數形為Nymphai）。

　　寧芙是各種土地或事物的守護者，根據守護的對象而有不同的名字。

名稱	複數形	守護對象
Nereis	Nereides	海
Naias	Naiades	水
Okeanis	Okeanides	河

Dryas	Dryades	樹
Melias	Meliades	梣樹
Oread	Oreades	山
Alseid	Alseides	森林
Napaea	Napaeae	山谷
Helias	Heliades	光

　　守護大海的人魚涅瑞伊得斯（Nereids），是海神涅羅斯（Nereus）和妻子朵莉絲（Doris）所生的一群寧芙。與《美人魚》故事不同，她們可以隨意變成人類的樣子，也能變成海豚或海豹等海洋哺乳動物的形象。

　　瑞伊得斯當中最有名的，當屬希臘神話的英雄阿基里斯的母親忒提斯（Thetis）吧。忒提斯長得十分美麗，甚至連宙斯都想納她為妻。

　　但是，聽到忒提斯的兒子必定會超越父親的預言後，宙斯害怕自己的主神地位會被搶走，於是便將忒提斯許配給人類，英雄阿基里斯就在這樣的情況下誕生了。

　　那伊阿得斯（Naiads）是泉水或水井等水源的守護者，在古希臘史詩詩人荷馬（Homer）的作品中被視為是宙斯的女兒。那伊阿得斯所在的泉水是神聖的地方，在那裡沐浴的人，相當於褻瀆了她們而遭受到詛咒。據說那伊阿得斯所在的泉水具有治癒能力，喝了就能治癒疾病。

　　河川守護者俄刻阿尼得斯（Oceanids）是大西洋之神俄刻阿諾斯（Oceanus）的女兒。俄刻阿諾斯的名字為海洋ocean一詞的語源，或許有人會覺得奇怪，海洋的女兒為何是河川的守護者呢？

　　這是因為在古希臘時代，人們認為大西洋是環繞大陸的巨大河川，因此祂的女兒們自然也成為河川的守護者。

　　德律阿得斯（Dryades）是守護樹木的寧芙，她在英國等地成為樹木的精靈德律阿得（Dryad）。寄宿在各個樹上，與那棵樹同生共死的樹之精靈，叫做哈瑪德律阿得斯（Hamadryads）。

　　墨利阿得斯（Meliads）雖為梣樹精靈，卻是從烏拉諾斯（Uranus）被閹割下來的陰莖所滴落的血液中誕生的。

　　俄瑞阿得斯（Oreads）是山嶽精靈，以回聲女神厄科（Echo）最知名。

030

四大精靈

FOUR ELEMENTALS

影響眾多鍊金術士和魔術師的四大精靈

16世紀著名的醫師兼鍊金術師帕拉塞爾蘇斯（Paracelsus），在他的著作中主張四大元素[1]都存在著相對應的精靈，這些精靈就是「元素精靈」（Elemental）。

帕拉塞爾蘇斯主張，元素精靈是由不是靈魂及人類的以太（Aether）所構成的生物。

元素	帕拉塞爾蘇斯的命名	一般名稱
土	pygmy[2]或gnom	gnome
水	nymph或undine	undine

火	salamander 或 vulcan	salamander
風	sylph 或 sylvestre	sylph

　　帕拉塞爾蘇斯的元素精靈說受到許多鍊金術師和魔術師所採用，同時也對許多文學作品產生影響。

　　諾姆（gnome）是掌管土地或大地的精靈，生活在地底下，知道各種礦石的礦脈位置。身高約10到20公分，長得像留著長鬍子的老公公，在民間故事中，經常以妖精的種族之一登場，而非精靈。

　　溫蒂妮（undine）是水之精靈，外形是由水構成的女性形象。還有認為長得與一般人毫無二致，據說也有溫蒂妮與人類結婚生子。在帕拉塞爾蘇斯的《妖精之書》（1566）中，介紹了一名人類男子與溫蒂妮訂婚後，因為拋棄她與其他人類女子結婚而遭到詛咒至死的故事。19世紀時，穆特‧福開（Motte Fouqué）以這個故事為原型，寫了一部名為《溫蒂妮》的小說。

　　沙羅曼達（salamander）是火之精靈，外形是由火焰構成的蜥蜴形象，這是因為人們看到山椒魚從火焰中冒出來的景象，誤以為山椒魚是火之精靈的緣故。兀兒肯（vulcan）這個別名來自羅馬神話中的火山之神volcanus。

　　西爾芙（sylph）是風之精靈，有時也叫做西爾芙德（sylphid）。具有空氣性質的西爾芙是透明的，肉眼看不見，不過有時也會現身，通常是呈現身材纖細的少女形象。根據《妖精之書》描述，她們沒有靈魂，只有得到人類的愛，才能擁有靈魂。

　　在莎士比亞的最後一部作品《暴風雨》（1612）中，主角普羅斯佩羅（Prospero）就透過魔術讓空氣精靈愛麗兒（Ariel）成為他的部下。

　　名字雖然不是西爾芙，但兩者幾乎一模一樣。亞歷山大‧波普（Alexander Pope）所著的《秀髮劫》（1712～1714）中，也出現了名為愛麗兒的西爾芙。

四
大
精
靈

1　這個世界由土、水、火、空氣（或風）四種元素構成的思想，稱為四大元素說。最早由西元前5世紀的希臘自然哲學家恩培多克勒（Empedocles）提倡，亞里斯多德等人發揚光大。

2　希臘神話中的pygmaioi（小人族）所說的話。後來在非洲發現的矮人部落稱為「俾格米（pygmy）」，語源就是pygmaioi，與帕拉塞爾蘇斯沒有直接關係。

031

人魚

Mermaid

不知為何讓人類和自己都變得不幸的悲哀人魚

　　在眾多的非人傳說中，「人魚」最廣為人知，一般人對上半身是美麗的女性、下半身是魚的印象比較強烈；順帶一提，男性人魚叫做 Merman。

　　世界各地雖然都有人魚的傳說，但每個地區的內容都大相徑庭，例如日本人魚的上半身像猴子，下半身是魚。

　　人魚雖有著美麗的外貌，卻會帶來不幸。**人類遇到人魚幾乎都會變得不幸，也似乎沒有看過人魚自己得到幸福的傳說。**

　　儘管如此，人魚依然會在海岸或礁石等地方梳理著頭髮，試圖誘惑人類男性。

　　羅蕾萊（Lorelei）就是其中最具代表性的人魚。羅蕾萊是位於萊茵河沿岸

的一座礁石，這個名字也代表著住在那裡的人魚。

羅蕾萊坐在礁石上，用動人的美妙歌聲誘惑行經那裡的船隻。被她的歌聲迷住的船員們，接連在那裡遇難。

連英雄們乘坐的船都無法倖免於難的強力歌聲

提到用歌聲讓船員遇難，賽蓮（Siren）的歌聲也不遑多讓，她是在荷馬的史詩《奧德賽》中登場。

奧德修斯（Odysseus）想聽聽看傳說中的賽蓮歌聲，於是他令船員們用蠟塞住耳朵，把沒塞住耳朵的自己綁在桅杆上。

準備就緒後，他們終於接近賽蓮所在的海域。聽見賽蓮歌聲的奧德修斯不斷地掙扎想去找她，但船員們緊緊地將奧德修斯束縛起來，儘管聽見歌聲，奧德修斯最終仍平安無事地通過那裡。

賽蓮也出現在阿波羅尼奧斯（Apollonius）所著的《阿爾戈英雄紀（Argonautica）》中，當時吟遊詩人奧菲斯（Orpheus）彈奏著樂器里拉（Lyre）與其對抗，使得船員們全數安然無恙。

歌德的《浮士德（Faust）》中也有賽蓮的描述，這裡的賽蓮是一隻會唱歌的鳥，有可能是古老形象的賽蓮。

愛爾蘭的人魚稱為梅洛歐（Merrow）。這個人魚跟我們印象中的人魚比較相似，上半身是人類，下半身是魚，不過女性和男性卻有著相當大的差別，女性長得非常美麗，男性卻十分醜陋。

或許因為這個緣故，也有與人類結婚的梅洛歐。據說生出的孩子腳上有鱗，手指之間有蹼。

在英國和愛爾蘭之間的曼島上，相傳有種美麗的金髮人魚，名叫本瓦菈（Ben-Varrey）。本瓦菈和梅洛歐一樣都是用歌聲讓船員遇難。

還有一個與人魚有關的驚人紀錄。根據作者不詳的《四達人編年史（Annals of the Four Masters）》記載，西元887年有人魚的屍體被沖上愛爾蘭的海岸。

其肌膚比天鵝還要白皙美麗。更令人驚訝的是，這個人魚的身高有58公尺，比超人力霸王還要巨大。

032

卡邦克魯

CARBUNCLE

為發現的人「帶來財富和幸運」的傳說魔物

「卡邦克魯」是在《阿根廷（La Argentina）》（1602年）一書中所登場的魔物之一。

《阿根廷》是西班牙神父馬丁・德爾・巴爾科・森特內拉（Martín del Barco Centenera，1535-1602）的詩作。

他在書中描述自己目擊卡邦克魯的經過。

不過，他並沒有替在巴拉圭看到的這個動物命名，只是以**「頭上頂著像燃燒煤炭般閃閃發光鏡子的小動物」**來描述。

此後，他在巴拉圭各地尋找這個生物，卻再也找不到牠的下落。

《阿根廷》中關於卡邦克魯的資訊只有這些，連牠是鳥、動物或昆蟲都

不清楚。

後來西班牙的征服者[1]將這種動物命名為卡邦克魯。卡邦克魯原本是紅寶石的意思，過去是指石榴石，16世紀被認為是紅寶石的別名。

就這樣，卡邦克魯的鏡子後來便被當成深紅色的寶石。

據說那顆寶石會幫持有者帶來財富和幸運，這樣的傳說吸引了許多探險家紛紛前來南美的叢林四處尋找卡邦克魯的蹤影。

然而，時至今日仍無人能夠得到那顆寶石。

卡邦克魯其實是龍!?

其實早在森特內拉之前就有目擊卡邦克魯的情報。

那是西班牙探險家岡薩羅・費南德茲（Gonzalo Fernandez，1478-1557）的證詞。

據說他在麥哲倫海峽看到了兩面在黑暗中閃閃發光卡邦克魯的鏡子。

他認為那個鏡子與藏在龍腦中的寶石是一樣的東西；也就是說，卡邦克魯有可能是一隻小龍。

然而，除了這少數幾個目擊案例之外，再也沒有其他人類看過卡邦克魯的蹤影。

到目前為止，我們仍不知道卡邦克魯的真面目，只知道牠的名字，可以說是一種充滿謎團的生物。

---

1 事實上只有對那些掠奪當地居民財物的人這麼稱呼。

033
乾闥婆
GANDHARVA

擁有黃金翅膀的天界音樂家

半神半獸的種族「乾闥婆」，是印度神話中具有神性的鳥。

不過，每個文獻對乾闥婆的描述都各有不同，很難確定哪個內容才是正確的。唯一可以確定的是，牠對人類很友善。

乾闥婆通常被描繪成強壯的紅皮膚男性，翅膀和下半身是鳥，為半人半獸的形象。

也有一說認為乾闥婆是擁有黃金翅膀的鳥。

在印度雷神因陀羅[1]（Indra）的天界斯瓦爾迦（Svarga）中，牠是隸屬於音樂家種族。

伴隨著妻子飛天女神（Apsaras）的舞蹈，職司世界的再創造，不過乾闥

婆有時也被認為是伐樓拿神（Varuna）的使者。

因陀羅神有一處用來接待死去勇者的天界阿瑪拉瓦蒂（Amaravati）。

那是擁有一千道門和一百座宮殿的常春之都。

在這座都市裡負責接待勇者的人，就是音樂家乾闥婆與他的舞者妻子飛天女神。

乾闥婆以香氣為食物，不吃肉和魚，因此牠的身上會散發出一股強烈的香氣。

精通醫學，將不死之酒甘露分給眾神

乾闥婆被認為是梵天神[2]，抑或迦葉波[3]（Kashyapa）的後代。最初的乾闥婆精通神聖真理，牠為眾神**準備了據說能治百病的蘇摩酒（Soma）**。

作為牠的後代而興盛起來的乾闥婆種族也精通醫學，負責分配給眾神長生不死的甘露酒[4]。

乾闥婆是佛教的稱呼。

牠是護持佛法的八部眾之一，侍奉帝釋天。在《法華經》中，牠也是觀音三十三身[5]之一。

另外，由於擁有變身的力量，因此印度有時會將魔術師稱為乾闥婆，或將海市蜃樓稱為「乾闥婆之城」。

1　印度教的神祇，是雷神、英雄神、軍神，引入佛教後成為帝釋天。
2　印度教的神，創造神，印度教最高神三神之一。
3　佛陀十大弟子之一。
4　印度神話中出現的神祕酒，據說能讓飲用之人長生不死。
5　據說觀世音菩薩為了拯救眾生，會變化成三十三種形態。

034

飛天女神

APSARAS

賜予崇拜神之人靈感和智慧的天界美麗舞者

這個美麗女性是印度神話中登場的水之精靈。「飛天女神」名字的意思是「在水中移動、住在雲海裡的人」。

在印度，池塘被視為是神聖之物，因為人們認為每個池塘裡都住著飛天女神。**據說她們會賜予崇拜神的人恩惠，並帶來靈感和智慧。**

飛天女神是在印度教創造天地的攪拌乳海[1]時，與各種物品、人類和神祇等一起誕生的。

她們是天界的舞者，也是侍奉眾神的女性。

此外，她們也喜歡唱歌、遊戲、賭博等娛樂。印度的美術作品中，經常將她描繪成身材前凸後翹、豐臀細腰的女性。

其中有不少作品都呈現飛天女神在一旁侍奉眾神的景象。

例如，男神欲樂[2]（Kama）身邊總是有許多飛天女神圍繞，也有欲樂是飛天女神之主人的傳說。

飛天女神有時會被天界派去誘惑英雄，或是妨礙聖仙的修行，相傳她們也能讓人變得喪心病狂。

到了後世，她們甚至像北歐神話裡的女武神一樣，負責帶領戰死的英雄前往名為阿瑪拉瓦蒂（Amaravati）的天界。

經過五年才結合的飛天女神和人類國王

飛天女神基本上都是乾闥婆之妻，但也有飛天女神成為人類的妻子。

其中最著名的就是飛天女神廣延天女（Urvashi）和洪呼王（Pururavas）的愛情故事。

《梨俱吠陀》、《摩訶婆羅多》等重要文獻中也收錄了兩人的愛情故事，當中又以4～5世紀的劇作家迦梨陀娑（Kalidasa）的戲劇《Vikramōrvaśīyam》[3]最為人津津樂道。

由於戲劇被大量改編，這裡就從聖典的角度來描述兩人的關係。

廣延天女原本應該成為乾闥婆的妻子，卻因為與人類國王洪呼王相愛，於是便答應嫁給他。

後來在乾闥婆的設計下，夫妻之情決裂。

然而，洪呼王並沒有放棄，隨後展開一場尋找廣延天女的流浪之旅。他恰巧在旅途中遇到一群飛天女神，才終於和廣延天女重逢，並且相互約定每年相聚一次。

後來在5年後，也就是第5次重逢時，被兩人感動的乾闥婆決定滿足他們1個願望。

洪呼王許願成為乾闥婆的一員，據說他的願望得到實現，從此和廣延天女一起過著幸福的生活。

1　印度教的開天闢地。原本是為了得到甘露而進行，但經過1千年的攪拌，從太陽、月亮到女神吉祥天女（Lakshmi）等各式各樣的東西都被創造出來。
2　眾神中最俊美的男神，多半描繪成騎在鸚鵡上的形象。
3　在岩波文庫《摩羅維迦與火友王》中收錄「與武勛（王）不同的天女廣延天女」的名字。

035

奇奇莫拉

Kikimora

在勤勞的人家做家事，在懶惰的人家惡作劇，喜歡紡紗的妖精

　　住在人類家裡的妖精大多都是男妖精，而「奇奇莫拉」是為數不多的女妖精。「莫拉」在俄羅斯是夢魘的意思，但「奇奇」是什麼意思就不得而知了。有人說是因為牠會發「嘰嘰嘰」的叫聲，也有人說是從「辮子（kika）」一詞而來，說法眾說紛紜。

　　奇奇莫拉有著無數的傳說。

　　因此，牠的形象也有好幾種說法。

　　有人說牠是狼頭鳥喙、熊身雞腳、尾巴像大型犬的合成怪物，也有人說牠的樣子像是彎著腰的老太婆，甚至還有一說認為牠是年輕的少女。

　　一般認為奇奇莫拉是幫忙人類做家事的好妖精。

而且喜歡紡紗和織布。

牠會趁夜偷偷地幫人類紡紗和織布。

不過，只有在勤勞的人家才會這麼做。

如果是懶惰的人家，牠會在紡紗的途中把線剪斷，或是將那裡的線纏得一團亂。

另外，還有一個故事。

有個騎馬的旅人試圖拯救一名遺棄在原野上的孩子，但當他將這個孩子放在馬上時，馬卻完全一動也不動。

於是，他只好抱著孩子繼續旅行，但就在快抵達村子的時候，孩子立刻從他的懷裡溜走，隨即哈哈大笑消失不見。

據說這也是奇奇莫拉的惡作劇。

另一個傳說中則提到，沒有受洗就死去的女孩，因為亡魂受到惡魔的支配而變成了奇奇莫拉。

奇奇莫拉

保護自己免受女妖精惡作劇的方法

除了奇奇莫拉之外，瑪拉（mara）或瑪露哈（maruha）也是著名的俄羅斯女妖精。

瑪拉是坐在壁爐上的小老太婆，牠經常在夜裡偷偷地紡紗，嘴裡卻不斷地嘟囔抱怨，還會把磚塊砸碎。

俄羅斯人若想中斷紡紗，一定要念誦向神祈禱的話。這樣就能防止瑪拉半夜出現，把紡好的紗扯斷。

祈禱的力量不止如此，據說還能保護自己免受奇奇莫拉的惡作劇。

036

獨角獸

Unicorn

> ### 沒有出現在神話中，被認為是真實動物的傳說一角獸

獨角獸又稱為一角獸，是一種額頭上長著一根直角的馬，在希臘語中稱為monokeros，有時也會以這個名字來表示。

「獨角獸」並非希臘神話或北歐神話中的怪物，這一點可能會讓人感到驚訝。**歐洲的博物學家把獨角獸當作真實存在的動物，登錄在他們的博物學書上，這就是牠的起源。**

關於獨角獸的古老記錄，可以追溯至西元前4世紀的希臘醫生克特西亞斯（Ctesias）所著的《印度史》。

根據《印度史》描述，獨角獸是一種像馬一樣大的驢子，身體呈白色，頭部呈暗紅色，有雙藍色的眼睛，額頭上有一根角。角的長度為1肘尺

（45公分），從根部每隔2掌尺（15公分），顏色以藍→黑→紅的順序變化。

相傳用這個角製成的玻璃杯，可以使裝在裡頭的毒藥無效。

獨角獸奔跑的速度相當快，連馬都追不上。

想抓住獨角獸，只能趁牠給孩子餵食的時候，騎馬將牠團團包圍。

獨角獸絕對不會丟下孩子不管，牠會用強力的角攻擊，或是腳踢、撕咬等方式來應戰。

因此，想要圍捕獨角獸，就必須做好犧牲許多人命的覺悟。

獨角獸會使出吃奶的力氣頑強抵抗，所以頂多只能得到牠的屍體。

解毒藥、治療藥、萬靈藥……獨角獸的角到底有什麼驚人的藥效？

12世紀的《疾病的起因與治療（Causae et Curae）》中寫到，獨角獸會避開人類和其他動物，只有少女能讓牠停下來目不轉睛地緊盯著，只能趁這個機會抓住牠。

這段描述大概就是人們常說的「獨角獸只會睡在處女的大腿上」這個傳說的起源。

另外，書中也提到了獨角獸的神秘藥效。

據說獨角獸的肝臟可以治癒漢生病[1]，只要佩戴獨角獸製成的皮帶，就不會生病。

還有，把獨角獸的腳蹄做成杯墊，如果放在上面的杯子裡面有毒，就會冒出泡沫或煙霧。

不過奇怪的是，《疾病的起因與治療》這本書斷言獨角獸的角毫無用處，這與其他書籍的描述大相逕庭。

總之，這個時期以後，獨角獸開始被視為基督的象徵，兇猛和殘暴的形象不再，只剩下高貴的形象。

獨角獸的角甚至被認為是靈丹妙藥。

許多醫學書籍也將獨角獸的角記載為解毒藥或治療藥，使得貴族及富人開始爭相購買。

不過，這些人買到的並非真正獨角獸的角，而是獨角鯨的牙，據說當時是以極高的價格交易。

1　如今已經研發出特效藥，是相對容易治癒的疾病，但在當時卻被視為不治之症。

037

雷鳥
THUNDERBIRD

振翅如「雷鳴」、目光如「閃電」的巨大神鳥

　　阿爾岡昆族（Algonquian）是居住在加拿大到美國的太平洋沿岸的印第安人，雷鳥是阿爾岡昆族神話中的神鳥。

　　在美國印第安人的世界觀中，身邊的所有事物都寄宿著精靈，這個觀點類似日本的八百萬神，是一種泛靈論（Animism）[1]的世界觀。

　　在這些無數的精靈中，「雷鳥」即為強大的雷電精靈。

　　牠振翅的聲音化為雷鳴，眼睛裡的光芒化為閃電；雷雲跟隨著雷鳥從海上飄來，為大地帶來降雨。

　　雷鳥的身形龐大，據說展開翅膀時相當於兩艘戰爭用的獨木舟那麼長，由此可見是一種體型長達10公尺的巨大鳥類。

牠棲息在奧林匹克山脈[2]的雪原洞穴裡，從那裡飛到太平洋捕食鯨魚。

將巨鯨送給飢餓部落的善良神鳥

然而，雷鳥未必每次都能成功獵捕鯨魚。有一個關於殺人鯨（虎鯨）的小故事。

有一次，雷鳥抓住一隻虎鯨，正欲將牠帶回巢穴，卻被牠逃脫了。

後來，雷鳥不論抓住多少次，虎鯨都有辦法溜掉。

最終，虎鯨逃到了大洋的正中央。就算是雷鳥，也只能放棄抓捕虎鯨的念頭。

虎鯨生活在深海當中，不常浮出海面[3]，據說也是因為害怕遭到雷鳥襲擊的緣故。

雷鳥對人類十分友善。

很久以前，有一場暴風雨肆虐了好幾個月。

不僅農作物枯萎，人們也無法捕魚或打獵，糧食早已消耗殆盡。

在不得已的情況下，部落的偉大酋長只好向精靈求助，結果有一隻大鳥將巨鯨送到村子裡。

雷鳥為陷入飢荒的部落帶來了食物。

還有一種作為UMA（未確認生物）的雷鳥。

在1960～70年代，美國陸續接獲翼長約10公尺的巨鳥目擊情報，有些探險家將這個未確認生物命名為「雷鳥」，試圖尋找牠的下落。

日本的雷鳥，英語並非Thunder Bird，而是Rock Ptarmigan（岩雷鳥），所以是不同的生物。

---

1 無論生物或非生物，認為一切事物都有神靈寄宿的觀點，也稱為泛靈論或精靈論等。
2 美國華盛頓州海岸附近，奧林匹克半島上的山脈。儘管山頂附近有冰川覆蓋，山麓卻是全球最大的溫帶雨林。
3 虎鯨是哺乳類動物，所以偶爾會浮出海面呼吸。然而在傳說出現的時候，人們還不知道這件事，才會以為虎鯨生活在深海裡。

038

貓妖精

CAT SÌTH

用兩隻腳走路，會說人話的貓

「貓妖精」是愛爾蘭傳說中的貓之妖精。

愛爾蘭語為 cat sídhe，「cat」和英語一樣都是貓的意思，而「sí」是「妖精」的意思。以貓來說體型非常大，大概和狗差不多。

傳說中的貓妖精是胸前有白色斑點的黑貓，但在繪本等作品中未必是黑貓，而是被描繪成虎斑貓、白貓等各種花色。

貓妖精能用雙腳走路，說著人類的語言。

愛爾蘭也有狗妖精，叫做「cú sídhe」（cú是狗的意思），這是一種體型像綠色小牛的狗，這種妖精不會說人類的語言。

老夫婦飼養的貓，有一天突然站了起來成為貓王國的國王

貓妖精似乎有建立貓的王國。

貓繼承王位的故事堪稱是最著名的貓妖精民間故事。

從前有一對從事掘墓工作的老夫婦，和寵物貓湯姆一起生活。湯姆是一隻年老的大黑貓。

某天，老婆婆跟平常一樣等著丈夫回家，可是遲遲等不到他回來。

「湯姆啊，爺爺今天回來得可真慢。」

貓像是聽懂老婆婆的話一樣，發出「喵」的一聲。

這時，老爺爺神色慌張地回到家裡。

他一回到家就問老婆婆：

「喂，誰是湯姆・提爾德拉姆？」

「我不認識這個人，為何這麼問？」

聽老婆婆這麼說，老爺爺開始娓娓道來。

「我和往常一樣挖掘墳墓，因為工作到一半有點睏，於是到一旁小憩片刻，結果傳來一陣貓叫聲把我吵醒了。」

這時，湯姆像是附和老爺爺的話似地跟著「喵」了一聲。

「我睜開眼睛一看，看見9隻長得像湯姆的黑貓，每隻黑貓的胸前都有白色斑點。其中1隻走在最前面，其餘8隻扛著用天鵝絨覆蓋的棺材，棺材上放有一頂王冠。」

「喵。」

貓又催促老爺爺繼續說下去。

「那些黑貓走到我的跟前對我說：『請你通知湯姆・提爾德拉姆一聲，告訴他提姆・特爾德拉姆死了。』可是我又不知道湯姆・提爾德拉姆是誰。」

話音剛落，湯姆突然用後腳站起來說道：

「什麼？提姆死了？那麼現在就輪到我當國王了。」

湯姆說完，隨即跳入煙囪內，再也沒有回來。

039

沙人

SANDMAN

沙人打赤腳的意外原因？

　　這是德國和北歐民間傳說中的沙之妖精。

　　英語為Sandman，又稱為沙男。

　　「沙人」的身上有催眠的沙子。遇到人類時，會在被發現之前，將魔法之沙灑向人類的眼睛。

　　這麼一來，人類就會睜不開眼睛，從而陷入沉睡。

　　因此，應該沒有人看過沙人的真面目才是，但不知為何，沙人卻被認為是背著袋子的赤腳老人。

　　據說牠背上的袋子裡裝著催眠的沙子，**之所以打赤腳，是為了避免吵醒正在熟睡的人類。**

在歐洲，有些父母會威脅晚上不肯睡覺的孩子說：「要是在沙人來之前還沒睡覺的話，眼珠子就會被牠挖出來。」

這是因為沙人會將沙子灑向不肯睡覺的小孩的眼睛。

據說沙子跑進眼睛後，眼球會充血紅腫，最後從眼窩裡掉出來。**沙人會將這些掉出來的眼球收集起來，帶回家給自己的孩子吃，沙人的孩子會用嘴巴不斷地折磨眼珠。**

沙人基本上對人類友善，但牠也會懲罰不乖的小孩；換言之，牠就有如日本秋田所謂的生剝鬼。

散布在世界各地的各種催眠妖精

沙人憑藉德國作家恩斯特・霍夫曼（Ernst Theodor Wilhelm Hoffmann）所著的恐怖小說《沙人》而聲名大噪。這是一個關於小時候聽過沙人傳說的男人，在心中留下心理創傷的故事。

男人由於非常害怕沙人，最終反而自取滅亡，但**其實在這部作品裡，沙人一次也沒有出現過**。

沙人並非唯一一個能夠讓人類陷入沉睡的妖精。

例如丹麥就有個名叫Ole Lukøje的催眠妖精，這個妖精是用牛奶代替沙子，在眼睛裡滴一滴牛奶使小孩入睡。

同為丹麥童話作家的漢斯・安徒生（Hans Christian Andersen），從這種妖精上獲得靈感，創作出名為《催眠精靈（Ole Lukøje）》的童話。

這個故事的妖精不僅能讓孩子入睡，還具備讓孩子做夢的能力。好孩子做愉快的美夢，壞孩子什麼都沒夢到。

蘇格蘭有一種名叫Wee Willie Winkie的催眠妖精，這種妖精會在夜裡穿著睡衣在路上巡邏，確認孩子們是否都上床睡覺了。

英國的蘭開夏地區有一種名叫Billy Winker的催眠妖精，因為發音與Willie Winkie相似，推測兩者之間可能具有某種關係，但不知道是哪個先出現的。

此外還有，荷蘭名為Klaas Vaak、法國名為La Dormette的催眠妖精。

040

海豹人

SELKIE

披著海豹皮的一群人類俊男美女

「海豹人」是棲息在蘇格蘭海域的種族。

雖然外表是海豹，但只要褪下海豹皮，人類就會從裡面現身。

海豹人有男有女，男性是英俊的帥哥，女性是漂亮的美女。

男海豹人會去誘惑人類的女性。

他們多半會鎖定丈夫經常不在、夫妻感情不睦的獵人妻子下手。

相較之下，女海豹人對人類男性不感興趣。

不過，很多人類男性都會被女海豹人的美貌所吸引，何況人類男性也不是毫無機會。

海豹人在海中過著部落生活，上岸時就會脫下海豹皮。

只要趁這個時候把女海豹人脫下的海豹皮藏起來就行了。

這樣一來，無法回到海裡的女海豹人只能被迫成為人類的妻子。

不過，一旦重新找到自己的海豹皮，就會穿上皮回到海裡。

這表示，即使女海豹人產下好幾個孩子，也不能因此放心。

因為她們只要找出海豹皮，仍會拋下孩子和自己的種族會合。

這可以說是所謂羽衣妻子神話的一種吧。

雖為善良的種族，但如果同伴遭到傷害也會進行報復

海豹人原本不會傷害人類。

但如果同伴受到傷害，那就另當別論了。

他們會讓傷害同伴的人類所搭乘的船隻沉沒，或是引發暴風雨讓船隻遇難等等。

海豹人的各個部落平時會分住在海中的岩礁或礁石間。

在陽光明媚、氣候溫暖的日子裡，海豹人會在突出海面的岩石上脫皮曬太陽，基本上是很溫和的種族。

不過，經常會有1～2位海豹人負責看守，一旦發現任何異常就會通報所有人。

這時所有海豹人就會一起把皮穿上，一溜煙地跳進海裡。

像這樣的海豹種族還有rón和seal maiden等。

不過，seal maiden是只有女性的種族。

眼睛一直打量著商隊內的異種族，結果錢包被偷了

城鎮的武器商委託我在旅途中保護商隊。

據說會途經幾座城鎮，最終抵達海邊城鎮。

從未看過大海的我欣然接受了這項任務。

到達海邊城鎮時，會先拿到一半的報酬，回來時再拿另一半。

海邊城鎮是所謂的港口城市，據說來自各地的各種商品都會聚集在那裡。

武器商似乎也會在那裡販賣製作的武器、採購武器的材料、購買稀有的武器。

我們坐上武器商的馬車出發，在途經的城鎮與其他商人及其護衛、同行的旅人及護衛的冒險者會合，組成一支規模龐大的商隊。

商隊的規模愈大，愈不容易受到怪物襲擊；受到攻擊的時候，我方也占了很大的優勢。

商隊貌似都是靠這種方法進行移動。

合流的商人和護衛的陣容也令人頗感興趣。

聚集在一起的不完全都是人類。

這邊是矮人族商人，那邊是妖精護衛，集結了各種的種族。

原以為隊伍中有小孩子，原來是哈比人。

更讓我吃驚的是，我認識的那位城鎮武器商原來是矮人族，之前我一直以為他是人類。

知道老闆是矮人族後，仔細一看，他留著濃密的鬍鬚，個頭不高，體格十分壯碩，確實和矮人族一模一樣。

……怪不得資料館館長會擔心我們把鳥身女妖和乾闥婆混為一談，這下子我終於懂了。

我們終於抵達海邊城鎮。

巨大的船隻飄在廣闊的大海上，城鎮裡還有各式各樣的種族熙來攘往，令人目不暇給。

就在這個瞬間，有個人類小偷摸走了我的錢包。

幸好這時武器商還沒付一半的報酬，所以我損失的只有錢包，不過這也提醒我不能掉以輕心。

不過知道小偷和我一樣同為人類，還是不免讓我大受打擊。

正當我一臉垂頭喪氣時，武器商過來安慰我：「每個種族中都有壞人。」

龍是從什麼時候開始會噴火的呢？

龍（220頁）可以說是怪物的代表，看起來像長有翅膀的巨大蜥蜴，能夠從嘴裡噴出可怕的高溫火焰；順帶一提，據說龍的巢穴裡堆滿了無數的黃金。

這種龍的形象是在何時產生的呢？

記載類似龍的存在的最早資料，一般認為是西元前約4千年的美索不達米亞文明。巨蛇身體上有角和腳（有些有翅膀），當時留下了這種龍形象的印章。

另外，在神話《埃努瑪・埃利什（Enūma Eliš）》中，龍形態的提阿瑪特（Tiamat）遭到殺害，以她的肉體創造世界，不過沒有提阿瑪特噴火的描述。

希臘神話中會噴火的怪物有堤豐（Typhon）和奇美拉（184頁）等，但牠們都不是龍；反之，類似龍的九頭蛇（228頁）等怪物並沒有噴火的描述。

這意味著希臘時代的龍不會噴火。

聖經《約伯記》中的利維坦（232頁）會噴火，但利維坦是巨大的魚，而不是龍。

不過，不知是否因為利維坦會噴火的緣故，後世開始經常將利維坦描繪成龍的形象。

雅各・德・佛拉金（Jacobus de Voragine）於13世紀創作的《黃金傳說》中出現了好幾條龍，但最後都被聖人打敗；這些龍不僅會噴火、還會噴出毒氣。

西元前2千年的美索不達米亞文學《吉爾伽美什史詩（Epic of Gilgamesh）》中，是以「牠的嘴巴是火焰，呼出的氣息是死亡」來描述怪物胡姆巴巴（204頁），也就是說牠會噴出致命的火焰。也許正因為如此，人們才認為最強的龍理所當然會噴火。

但至少可以確定，12世紀的龍會噴火。從此以後，龍會噴火就變得沒什麼好值得大驚小怪了。

第3章

強敵級
怪物

「即使有智慧，
怪物依然是怪物」

嘿，好久不見。

　我從武器商那裡聽說了你們的活躍，他說你們把出沒在街道上的怪物都一一消滅掉了。

　什麼？丟下城鎮周圍的怪物不管，只顧著旅行很對不起？

　別擔心，沒必要在意那些事情。

　保護商人和物流也是一項重要的工作。

　況且，只要你們表現出色，因為崇拜你們而想成為冒險者的人也會接踵而來。

　如今那些雜魚怪物都是由你們的後輩負責消滅。

　如果你們不去遠離城鎮的地方消滅強大的怪物，那些怪物有可能會接近城鎮。

　什麼什麼？希望我告訴你們有哪些比以往更強大的怪物嗎？

　也對，既然你們已經具備這樣的實力，自然有不少人會來委託你們消滅

這類怪物，或者詢問如何因應怪物帶來的損害吧。

那好吧，這次就向你們粗略介紹一下比雜魚更強大的怪物吧。

首先是城鎮中出現的怪物，這類怪物多半都與人類有關。

好比說，被狼人（Werewolf）殺死的人會變成狼人。狼人平時的行為舉止和一般人類沒有兩樣，所以很難發現牠們；夢魔（Incubus）和魅魔（Succubus）則會來吸取人類的夢境。

石像鬼（Gargoyle）和魔像（Golem）是人類製造的怪物；鎮尼（Jinn）是人類召喚出來的怪物。

這座城鎮禁止擅自製造石像鬼或魔像，也不得召喚鎮尼。

不過，有些城鎮會利用魔像保護城鎮，或者讓石像鬼保護神殿。

因此，魔像未必就是敵人，如果消滅這樣的怪物，你們可是會觸犯損壞器物的法律而變成罪犯。

當然，那些在人煙稀少的地方出現的怪物，就可以視為敵人。

這些怪物中，也有具備高度智慧的種族。

然而，即便擁有智慧，也不代表能夠相互理解。

另外，也要特別留意像半人馬（Centaur）、那伽（Naga）這類擁有智慧、習慣集體行動的種族。

傳說中也有半人馬賢者的故事，但因為是罕見的存在，所以才會成為傳說，大部分的半人馬都是好鬥的粗暴怪物。

除此之外，還有巨怪（Troll）、食人魔（Ogre）這類憑藉一身蠻力攻擊人類的怪物。

古人說「知己知彼，百戰不殆」，我覺得這句話一點也沒錯。

041

狼人

WEREWOLF

古希臘著名作家也有提及的可怕人狼

「狼人」又稱為「狼男」或「人狼」，平時以人類的樣子出現，卻是一種能夠變身成狼的怪物。

狼人原本是起源於東歐斯拉夫民族之間流傳的傳說，後來在不知不覺間傳遍整個歐洲，如今已成為全世界廣為人知的怪物，因此世界各國的語言中都有與「狼男」相對應的詞語。

例如，狼人的德語是「Werwolf」，法語是「Lycanthrope」。

狼人最早的紀錄可以追溯到古典希臘時期。

希羅多德和老普林尼等希臘的著名作家，都曾提到過變身成狼的人類。

狼人平時是以人類的樣子出現，但只要觸發某些條件，就會變身成狼。

變身後的狼人，雖然體型比一般的狼大上許多，但除了體型之外，其他地方跟一般的狼沒有區別。根據傳說的不同，有些狼人沒有尾巴，有些則是眼睛形狀和人類一樣。

不過，即使是普通的狼，也有像《西頓動物記》中的狼王羅伯這種巨大的狼，所以未必體型大的狼就是狼人。

有人說，在狼人尚未變身、還是人類形態的時候，可以透過觀察眉毛是否連在一起、舌頭背面是否有毛、是否能從傷口看到毛皮等方法來辨認。

你也能變成狼人的兩種方法!?

人類變成狼人的原因有兩種，主動變身和受到詛咒。

首先從第一種主動變身的情況開始說明。

妖術師可以利用赤身裸體繫上狼皮腰帶，或者飲用積聚在狼腳印上的雨水等方法來變身。

也有人是因為妖術師的詛咒而變成狼人，這是第二種受到詛咒而變成狼人的情況。

平時和尋常人類沒有兩樣，一旦變身後，心靈就會遭到邪惡支配，做出各種邪惡的事情；然而，當恢復成人類時，內心也會跟著恢復正常，而對自己做過的壞事感到自責痛苦。

順帶一提，現在我們常見的「看到滿月就會變身」、「被狼人咬過的人會變成狼人」、「銀彈可以殺死狼人」等說法，都是20世紀電影中的設定。

在此之前並不存在這樣的設定。

然而，由於這個設定非常有趣，對於寫劇本的人來說也比較方便，所以在後來的電影和小說中便受到廣泛使用，如今已然成為狼人的固定設定。

狼
人

042

鷹馬

HIPPOGRIFF

> 與獅鷲的不同之處在於身體後面是「馬」而不是「鷹鷲」

「鷹馬」據說是獅鷲（Griffin）和母馬雜交生下的怪物。

「Hippo」是馬的意思，所以鷹馬便用Hippo＋Griffin來命名。鷹馬從頭部、前腳到翅膀等部位都和獅鷲一樣是鷹鷲。

不過，從軀幹到後腳是馬的形狀，這點與獅鷲不同。

鷹馬原本是一種虛構的生物。

因此，在古羅馬詩人維吉利烏斯（Publius Vergilius Maro）的史詩《艾尼亞斯紀》中，使用了「結合獅鷲和馬」的表現方式來形容萬中無一。

塞爾維烏斯（Servius）在為《艾尼亞斯紀》加上註釋時，曾針對這個部分另外附上獅鷲討厭馬的說明。

　後來，「結合獅鷲和馬」這句話開始受到廣泛使用，用來比喻「不可能發生的事情」。

出現在著名的史詩當中，成為歐洲知識分子的常識

　但到了16世紀，阿里奧斯托（Ludovico Ariosto）在史詩《瘋狂奧蘭多》中，將「結合獅鷲和馬」命名為鷹馬。

　女主角布萊德夢（Bradamante）在與伊斯蘭魔法師亞特蘭特（Atlante）的對決中，得到了鷹馬。

　她將鷹馬贈予自己的心上人，也就是主角羅吉耶洛（Ruggiero）。羅吉耶洛將這匹鷹馬當成自己的愛馬（？），北至愛爾蘭，南至衣索比亞，於全世界來回穿梭，大顯身手。

　在《瘋狂奧蘭多》中，對鷹馬的描述如下：

**　　這匹馬並非虛構生物，牠是獅鷲與一匹母馬雜交生下來的真實生物，其毛皮、翅膀、前腳、頭部和嘴巴等部位與父親相似，其他部位則和母親一模一樣，因此命名為鷹馬。鷹馬極為罕見，牠來自冰封大海遙遠的那一頭，名為Riphaean的山裡。**

**　《瘋狂奧蘭多》是歐洲知識分子的經典常識，所以鷹馬對知識分子來說是理所當然的常識。**

　鷹馬可說是創作作品的原創怪物，後來不知不覺間才被當成傳說中的怪物，像這樣的例子實屬罕見。

鷹
馬

043
魔像
GOLEM

猶太教的聖職者賦予土塊生命使其行動

「魔像」是經由猶太教秘術而創造出來的人造怪物。

猶太教中有一套稱為卡巴拉（Kabbalah）的神秘魔法系統，在卡巴拉的祕法中，最著名的魔法就是製造魔像。

魔像原本只是沒有固定形狀的土塊，但卡巴拉的祕法卻能賦予其生命，使其行動。

製造方法如下。拉比（Rabbi）[1] 把泥土捏成人偶的形狀，在其額頭上刻上希伯來文字「אמת」。

這個字在拉丁字母中是「emeth」＝「真理」的意思，藉此賦予魔像生命；也有人說，刻字的地方是在牙齒的背面。

此外，**也有將寫有這些文字的羊皮紙貼在額頭或放入口中的做法。**

消滅魔像的時候，去掉「תמא」中的「א」，留下「תמ」即可。

這個字在拉丁語中意味著「meth」＝「死亡」，魔像就會因此毀滅。

如果是將羊皮紙放在口中的做法，那麼只要從嘴裡拿出羊皮紙就行了。

換言之，有必要的時候，也可以採取把羊皮紙放入魔像嘴裡的做法。

只有白天受控制，到了夜晚便開始暴走

有不少關於創造魔像的拉比傳說，其中又以16世紀後半的猶太神秘思想家、身為拉比的貝扎雷（Bezalel）最為有名。

當時的猶太人是受到歧視的民族，不允許住在一般的城鎮，活動範圍被限制在猶太區（ghetto，強制收容猶太人的居住區）。

此外，對猶太人施加暴力也幾乎不會受到懲罰，因此襲擊猶太人區域的反猶太暴力事件[2]時有所聞。

在布拉格的猶太區擔任拉比的貝扎雷，為了保護猶太區免受歐洲人的攻擊，於是創造出魔像；使魔像徹夜巡視猶太區的周邊，以防止敵人入侵。

其他還有讓魔像去不容易抵達的高塔上撞鐘，或是參加禮拜的人數不夠，故而創造魔像來湊齊人數等故事。

在魔像的小故事中，有個**只有白天才能控制魔像的有趣故事。故事中提到，要是晚上忘記拿下符紙，失控的魔像就會開始暴走。**

為了避免發生這種情況，人們會在入夜前就先取下貼在額頭或放在嘴裡的符紙。

這樣一來，魔像就會動彈不得。

第二天早上，把符紙貼回額頭上（或放入口中），魔像就會再度動起來；而這個故事的結局就是忘記取下符紙導致魔像暴走。

1　猶太教律法學者，為猶太教中的聖職者。
2　針對猶太人的集體恐怖攻擊。恐怖分子是一般居民，通常不會受到懲罰。

044

巴西利斯克

BASILISK

全身充滿毒素的蛇王，殺死所有觸目所及的人

羅馬時代的大博物學家老普林尼所著的《博物志》中，收錄了許多以現代人的角度看來非常奇特的生物。

「巴西利斯克」就是其中最為奇特的生物。

也有人稱巴西利斯克為蛇尾雞（Basilicok），據說這個名字源自希臘語的巴西琉斯（Basileus，國王）；正如其名，牠也是蛇中之王。

巴西利斯克的形象因傳說而異。

根據最早的老普林尼的描述，牠是一條約24公分長的蛇，頭上頂著王冠狀的東西。

此外，一般的蛇在行走時幾乎是整個身體緊貼地面前進，而巴西利斯克

則是昂首前進，這樣的形象或許也是牠被視為蛇王的原因之一。

到了中世紀，巴西利斯克開始逐漸脫離蛇的形象，和雞愈來愈像。頭上有雞冠，長著像雞一樣的腳爪，尾巴是毒蛇，外形介於蟲類和鳥類之間。

其體積也愈來愈大，甚至像公牛的體型一樣大。

不過，巴西利斯克真正的可怕之處不在於牠的體型，而是那對眼睛。

被巴西利斯克看見的人，都會慘遭牠的視線毒殺。

因此，巴西利斯克才會棲息在沙漠地帶。

正確來說，**巴西利斯克棲息的地方，所有生物都會滅絕而化為一片沙漠，牠喝過的河水也會受到毒素污染而變得無法飲用。**

當然，牠的全身都充滿毒素。

相傳曾經有戰士用長矛刺死巴西利斯克，但毒素卻從牠的屍體經由長矛傳到戰士身上，導致戰士也隨之中毒身亡。

唯一不怕巴西利斯克劇毒的動物？

然而，巴西利斯克也並非毫無弱點。

只有鼬鼠可以免受巴西利斯克的毒素侵害，甚至還可以攻擊牠的眼睛將其擊敗。

也有故事提到，不僅毒素無效，鼬鼠的臭味對巴西利斯克來說反而是一種毒氣。

又或者，鼬鼠的毒氣對巴西利斯克有效，反之亦然；所以也有人說，如果把鼬鼠和巴西利斯克放在同一個洞穴中，兩者就會同歸於盡。

另外，巴西利斯克只要聽見公雞的叫聲就會嚇得落荒而逃。

旅行者在前往陌生地區時都會隨身攜帶裝著鼬鼠或公雞的籠子，據說就是因為這個緣故。

巴西利斯克的毒視線對自己也有效果。

若用鏡子反射巴西利斯克的視線，就能反過來殺死牠。

巴西利斯克

045

雞蛇
COCKATRICE

很容易與巴西利斯克混淆，攻擊方法卻截然不同

「雞蛇」一詞源自於聖經。

在希伯來聖經被翻譯成拉丁語時，有毒的爬蟲類（毒蛇等）被譯為雞蛇（Cockatrice）。

作為怪物的雞蛇，是一種類似公雞和蛇結合而成的怪物，經常與巴西利斯克混為一談。

也有一種說法是，公的是巴西利斯克，母的是雞蛇。雞蛇在法語中叫做Cocatrix。

雞蛇之所以會跟巴西利斯克混淆，據說是從《坎特伯里故事集》中出現蛇尾雞（Basilicok）的名字開始的。

蛇尾雞原本有可能是巴西利斯克和雞蛇的合體名，但後來開始被認為是巴西利斯克和公雞（Cock）的合體名，結果就像名字一樣變成結合蛇和公雞形象的怪物。

雞蛇的頭部、脖子和腳是公雞，尾巴是蛇。

其軀幹和翅膀則有公雞和龍兩種說法。尾巴有兩種說法，一種是蛇的尾巴，另一種是帶著蛇頭的尾巴。

雞蛇是7歲公雞所產下的蛋，經由蟾蜍孵化9年而誕生的。

有人說雞蛇擁有和巴西利斯克相同的能力，**但也有一說認為，巴西利斯克是用視線毒殺，雞蛇是用嘴巴攻擊來殺死敵人**。

中世紀的人們認為雞蛇棲息在非洲的沙漠地區，因此非常害怕遭到牠的攻擊。

只能靠斷糧的方式才能打敗雞蛇

19世紀的法國作家喬治・桑（George Sand），在其著作《法國田園傳說集（Légendes rustiques）》的「鄉村之夜的幻象」一章中，就曾提到一種名為Cocadrille的生物。

Cocadrille至今仍住在舊城堡的廢墟裡，夜晚在廢墟上遊蕩，白天則躲進泥土和蘆葦之中。（中略）如果沒在牠噴出毒素前將牠殺死，就預示著將會有大疾病擴散到那附近。

這本書中也記載了打敗雞蛇的方法。

簡單來說，就是**讓雞蛇失去棲身之地，斷其食糧**。

然而，這並不能阻止雞蛇因飢餓而發狂，但除此之外，恐怕也沒有其他更有效的方法了。

雞
蛇

046

半人馬

CENTAUR

箭術高超，能在高速移動的狀態下射箭

　　希臘神話中有好幾個半人半獸的種族。

　　其中最著名的莫過於「半人馬」。

　　馬的脖子以上變成人類的上半身，有兩隻手臂和四條腿，手腳共有六隻；如果從哺乳類的角度來看，可以說是一種很奇特的生物。

　　半人馬的起源有好幾種說法，一說是眾神之后希拉（Hera）和伊克西翁（Ixion）兩人所生，也有一說是阿波羅的兒子Centaurus（這是名字，而非半人馬種族）和母馬絲蒂比亞（Stilbe）所生。

　　從外觀可以看出，**半人馬是結合馬和人類優點的種族，擁有像馬一樣敏捷的速度，以及如同人類的智慧**。

另外，**半人馬很擅長箭術，能在高速移動的情況下射箭，可說是相當難纏的對手。**

一般認為，半人馬是希臘人因為畏懼安息（Parthian）和斯基泰（Scythian）等騎馬民族的強大而產生的生物。

這些民族展現出堪稱「人馬一體」的技巧，使得希臘人創造出真正「人馬一體」的怪物。

精通各種學問，被許多英雄和神祇奉為老師的凱隆

半人馬中有不少性情善良之人，但也有很多醉漢和粗暴之徒。

其中涅索斯（Nessus）就是野蠻半人馬的代表。

涅索斯對英雄海克力士之妻德伊阿妮拉（Deianira）有非分之想，於是在海克力士拜託他載運妻子渡河時佯裝接受，企圖藉機玷污她。

最終，海克力士搭起弓箭，一箭將他射死。

不過，並非所有的半人馬都是粗暴野蠻之徒。

以半人馬賢者著稱的凱隆（Chiron），在眾多粗暴的半人馬中算是例外，他是精通各種學問的偉大賢者。

凱隆從阿波羅（Apollo）那裡學到了音樂和醫術，從阿提米絲（Artemis）那裡學到了狩獵，其後成為眾多英雄的導師。

據說他是鍛鍊海克力士武藝的人，甚至連被譽為醫學之神的阿斯克勒庇俄斯（Asclepius），其醫術也是凱隆所傳授；此外他也是阿基里斯（Achilles）以及卡斯托（Castor）（與波路克斯（Pollux）是孿生兄弟，後來成為雙子座）的老師。

擁有不死之身的凱隆，被海克力士射向九頭蛇的毒箭射中，深受箭毒所苦的他，只要活著一天，就會永遠受到折磨，於是他求助宙斯，將不死之力讓給普羅米修斯（Prometheus），才終於獲得解脫。

半人馬

047
天馬
PEGASUS

只有英雄才能騎乘，心高氣傲的雙翼馬

　　希臘神話中的雙翼馬，能夠利用翅膀在空中飛翔。

　　天馬心高氣傲，所以很少有人能夠騎在牠的背上，但如果是天馬認可為英雄的人，就會心甘情願地作為坐騎侍奉主人。

　　天馬的出身有些特別。

　　相傳美杜莎（Medusa）遭到珀爾修斯（Perseus）斬首時，天馬便從她的頭顱流出的血液中誕生。

　　美杜莎原本是人類，由於被波賽頓凌辱的地方恰巧是處女神雅典娜的神殿，因此遭到雅典娜的詛咒而變成怪物。

　　但這時美杜莎的腹中已經懷了波賽頓的孩子。

美杜莎遭到殺害的時候，她的血滴入大海，由此誕生了天馬。

與此同時，手持黃金之劍的巨人克律薩俄耳（Chrysaor）也從美杜莎的血液中誕生。

儘管天馬是波賽頓和美杜莎所生，卻為何變成馬的形象呢？**據說這是因為波賽頓本身也是馬神的緣故。**

被宙斯派來的牛蠅叮咬屁股，嚇得直接升天

天馬成為好幾位英雄的坐騎。

例如，**斬殺美杜莎的珀爾修斯就曾騎乘天馬。**

珀爾修斯遇到後來成為他妻子的安朵美達（Andromeda），她正被綁在海岸的岩石上作為獻給海怪的祭品，這時他的坐騎就是天馬。

不過，科林斯的英雄貝勒羅豐（Bellerophon）可說是最著名的天馬主人。

貝勒羅豐拒絕一國之王普洛托斯（Proitos）的王妃求愛。

招致王妃怨恨的貝勒羅豐，在她的讒言下被迫前往消滅奇美拉。

據說消滅奇美拉是一項不可能的任務，這表示王妃想透過借刀殺人的方式，使貝勒羅豐死無葬身之地。

這時，雅典娜在貝勒羅豐的夢中賜予他一條黃金韁繩。

就這樣，貝勒羅豐順利地捕獲了天馬。

貝勒羅豐騎乘天馬，成功地從空中將鉛球塞入奇美拉的口中；正欲吐出火焰的奇美拉，被口中熔化的鉛球腐蝕身體而死亡。

此外，貝勒羅豐還成功地討伐了亞馬遜族，變得愈來愈強大，最後甚至試圖騎乘天馬登上眾神居住的奧林帕斯山。

於是宙斯派出牛蠅叮咬天馬的屁股，受到驚嚇而變得暴躁的天馬將貝勒羅豐從背上拋落，就此直接升天成為天馬座。

據說被拋落的貝勒羅豐從此變成瘸子，雙眼失明，只能在荒野中徘徊。關於貝勒羅豐的結局眾說紛紜，有人說他發瘋，也有一說認為他死了。

天馬

048

巨魔
TROLL

形象和性格因國家而異，難以捉摸真實面貌的神秘種族

　　巨魔是北歐神話中出現的巨人或小人，然而沒有任何生物比巨魔更難掌握其真實面貌。

　　因為傳說中的巨魔在每個國家都有著截然不同的形象和性格，其體型也從小人到巨人不等。男性巨魔在各國都很醜陋，女性巨魔在有些國家很醜陋，有些國家卻很美麗。

　　巨魔的出身也是眾說紛紜。

被視為神的巨魔、在滿是財寶的地下生活的巨魔、害怕陽光的巨魔……

有一說認為，巨魔是北歐神話霜巨人（Jötunn）的後裔。

在北歐神話的《散文埃達》中，有一種名為巨魔的女巨人種族。有些高貴的巨人會被奉為神，出現在神話中，但巨魔卻被當成怪物。

另一種說法是，巨魔是體型和人類差不多大的種族，最初住在地底。

這種巨魔也稱為「山地巨魔（bjergtrolde）」。雖然有尾巴，但女巨魔似乎長得非常美麗。

巨魔們有自己的社會生活，牠們累積了許多地底的財寶，相傳住所都被財寶照得金碧輝煌。

此外，巨魔還能變成透明色，有時會偷偷潛入人類的住所。

不過，牠並不會真的做什麼壞事，頂多只是偷聽，或者發出聲音嚇嚇人類而已。

巨魔在昔德蘭群島稱為trow，而不是troll。

牠們畏懼陽光，一旦照射到陽光，全身便無法動彈。雖不至於死亡，但要等到夜晚才能行動。

像這樣存在著各式各樣的巨魔，形象和性格也各不相同；另外，也有以這些傳說為基礎而創作的巨魔。

其中最著名的巨魔，應該是芬蘭作家朵貝・楊笙（Tove Marika Jansson）筆下的《姆明（Moomins）》吧。

這些稱為姆明的種族，是體型比人類還小的可愛生物。

而創作中最可怕的巨魔，當屬在J.R.R.托爾金的《魔戒》中登場的巨魔。

這是本作中最邪惡的魔苟斯（Morgoth）仿造樹人所創造出來的種族，是一種長滿綠色鱗片的醜陋巨人。

這種巨魔會吃掉人類，血液是黑色的，不過一旦照射到陽光，就會死亡變成石頭。

後來經過改良，甚至出現歐羅海（Olog-hai）這類不怕陽光的高等物種。

巨魔

049

食人魔

Ogre

外表與人類毫無二致，卻是力大無窮，會吃人的怪物

「食人魔」堪稱是歐洲各國的惡鬼，牠沒有出現在神話中，只在民間傳說和民間文學中登場。

食人魔最早出現在12世紀的法國騎士故事中。

其中，「ogre」一詞在法語中是用來形容人型的吃人怪物。

這就是最初的食人魔。

食人魔的英語和法語一樣都是ogre，現在這個名稱受到廣泛使用。

傳說中登場的食人魔，雖有濃密的鬍鬚和頭髮，體格也很壯碩，但外表與人類毫無二致。

唯一明顯與人類不同的，就是牠擁有巨人的體型。

這些擁有巨人體型的食人魔，有些只比人類大一圈，有些則像山一樣高大，傳說各不相同。

但牠們的性格卻與人類大相徑庭，**因為再怎麼說，食人魔會吃人，況且力量遠遠勝過人類。**

不過，空有一身蠻力，腦袋卻空空如也，所以經常受到聰明的人欺騙。女性的食人魔（法語稱ogress）和男性一樣，大多都高大笨拙。

具有變身能力，想方設法陷害愚蠢的人類

在童話故事中，擄走公主的怪物通常都是食人魔。

無論是《傑克與豌豆》中住在雲上的巨人，還是《穿靴子的貓》中因為上當變成老鼠而被貓吃掉的怪物，原文都是使用ogre這個字。

腦袋不好的牠們都住在城堡裡，可見具有建造城堡當城主的能力，在《穿靴子的貓》中甚至還擁有變身能力。

《糖果屋（Hansel and Gretel）》中的老巫婆是女食人魔的著名例子，儘管不是巨人，但依然是會吃人的怪物。

話雖如此，傳說中的食人魔還是有能力與人類正常對話。

甚至還有傳說將牠描寫成擁有陷害愚蠢人類的智慧的怪物。

不過，創作中所出現的食人魔更為野蠻和笨拙。

有些作品的食人魔連語言都沒有，就算有也只會說隻言片語。

食人魔的外表不是赤身裸體，就是長著獠牙，膚色也與人類大不相同，被描寫成明顯與人類不同的怪物。

這大概是**因為奇幻遊戲中需要比哥布林強，卻又比巨人弱的人型怪物，而食人魔正好是最適合擔任這個角色的怪物。**

食
人
魔

050

拉米亞

LAMIA

被宙斯害得變成吃掉孩子可怕怪物的美女

「拉米亞」是希臘神話中登場的女性怪物。

在古代是人類的母親，同時也是怪物，到了後世則變成妖女般的怪物。

拉米亞原本並非怪物。

她是生活在利比亞的人類女性，有著出眾的美貌；然而，她的美貌卻成了一種罪過，因為眾神之王宙斯看上了她。

她與宙斯私通，為祂產下好幾個孩子。

但是，宙斯的正妻希拉也因此心生嫉妒。

怒不可遏的希拉，將拉米亞所生的孩子全都擄走並加以殺害。

希拉甚至奪走拉米亞的睡眠，使她一刻都無法忘記孩子死去的情景。

傷心欲絕的拉米亞，最終變成一隻吃別人孩子的怪物。

據說為了補償拉米亞，宙斯賜予她取下自己眼睛的能力，以便讓她在取下眼睛的時候得以獲得休息。

還有更殘忍的故事。其實希拉並沒有殺死拉米亞生下的孩子，而是透過操縱拉米亞的方式，讓她吃掉自己的孩子。

讓母親吃掉自己的孩子，拉米亞面對如此殘忍的行為，就算會發瘋變成怪物也不足為奇。

這一切可以說全是希拉一手造成的。不對，**應該說全是因為宙斯的花心，才讓希拉做出如此令人髮指的行為**。

從吃小孩的怪物搖身一變，變成吃青年的怪物!?

那時候，非洲還有另一種不同的拉米亞，那是下半身是蛇、會吃人的女怪物。

這些要素混雜在一起，造就出下半身是蛇、會吃小孩的怪物拉米亞。

古希臘的母親每次在小孩不聽話的時候，都會威脅孩子說：「壞孩子會被拉米亞抓走吃掉哦。」

可是，在公元1世紀的時候，拉米亞的性質開始產生變化。

她從吃小孩的怪物，變成了（性方面）吃掉青年的怪物。

公元2世紀左右的《提亞納之阿波羅紐斯的一生（The Life of Apollonius of Tyana）》中，就記載了阿波羅紐斯的弟子受到拉米亞的誘惑，而阿波羅紐斯將其救出的故事。

此外，拉米亞曾在德爾菲（※譯註：Delphi，古希臘聖地）附近出沒，吃掉人類和家畜。

為了躲避災難，人們得到神諭，要求獻上美少年作為祭品。

人們按照神諭獻上祭品，一位名為阿爾庫俄紐斯（Alcyoneus）的勇士卻迷上了獻祭隊伍裡的美少年。

他代替美少年前往拉米亞的所在地，把拉米亞推下懸崖摔死；看來美少年的魅力就連拉米亞的災難都無法抵擋。

051

那伽

Naga

用七顆頭守護在雨中冥想的釋迦牟尼的頭

　　上半身是人類、下半身是蛇，出現在印度神話中的種族。

　　在印度通常被描繪成全身是蛇的模樣。

　　有時也會把頭描繪成七條眼鏡蛇。在神話中，那伽也常常會變身成人類的形態。

　　那伽經常被視為惡魔，但也有少部分的人將牠當成神崇拜。在印度教、耆那教、佛教等經典中，那伽也都有登場。

　　佛教中有這樣一則軼事。

　　釋迦冥想的時候下起了雨，那伽覺得釋迦的樣子很可憐，於是便纏繞在牠的周圍，於牠的頭上舉起七顆頭為其擋雨。

對傲慢的國王施以天罰

那伽有好幾位國王，其中最有名的是德叉迦龍王，因其智慧而有「狡猾的德叉迦龍王」之稱。

某天，繼絕王在打獵的時候遇到了一名沉默不語的聖者。

國王問他獵物的去向，但聖者依然一言不發。國王勃然大怒，他用一條死蛇勒住聖者的脖子後便離開了。

聖者的兒子對此非常憤怒，於是便對國王施下7日之內會被蛇王德叉迦龍王咬死的詛咒。

知道這個詛咒的繼絕王，在湖的中央建造一座塔，於其上建造宮殿，命人嚴加戒備。

此外，為了不讓自己被蛇毒所害，還請來專治蛇毒的聖仙。

沒想到德叉迦龍王付給聖仙高於國王的報酬，使其拒絕國王的請求。

接著，他讓手下的那伽變身成流浪僧侶，把水果獻給國王。

德叉迦龍王化身為小蟲子藏在水果之中，藏有德叉迦龍王的水果被送到了國王面前。

當國王打算享用僧侶獻上的水果，切開水果的時候，看見裡頭有一隻小蟲子。

國王喃喃道：「7天即將過去，聖者的詛咒沒有對我產生任何效果，如果會發生什麼事，頂多是現在被這隻蟲子咬一口吧。」

德叉迦龍王聽到這句話，瞬間從小蟲子變回巨大的紅蛇，一口咬住國王的脖子。

隨後，牠在天空畫出一道紅線，就這麼返回天界。不用說，被咬到的國王因為中毒而當場斃命。

那伽

052

死靈
WRAITH

是魔術師靈魂出竅，無法回到自己身體的模樣!?

在蘇格蘭地區，「wraith」是死靈的意思。

至少可以確認，wraith一詞在16世紀被用來表示死靈。

死靈也包含了多種含義。

臨死前的人會看到與自己長得一模一樣的東西，這個東西就叫做死靈；

人類一旦看到那個東西，就會立刻死亡。

反之，也有即將死去的人化為死靈，出現在親人的面前。

此外，**魔術師靈魂出竅後無法回到自己肉體的狀態，也稱為死靈。**

不管是哪種情況，死靈都被認為不具有實體。

托爾金筆下的死靈跟傳統死靈的區別

死靈畢竟只是蘇格蘭的傳說，並非那麼有名的怪物。

然而，**J.R.R.托爾金卻在《魔戒》中，讓死靈以「戒靈」的身分作為重要的敵人登場。**

因為這樣，死靈這個怪物一舉提高了知名度，為眾多奇幻故事的粉絲所熟知。

但令人困擾的是，托爾金筆下的死靈，與蘇格蘭傳說中的大不相同。

因為戒靈是從索倫那裡得到力量之戒而延長壽命的人類。

也就是說，**托爾金筆下的死靈，在成為戒靈時是有形的實體，與沒有實體的傳統死靈不同。**

不過，這些戒靈是因為戒指的力量才被強行延長生命，所以形體會逐漸消失。托爾金所描述的死靈身穿盔甲，披著斗篷，外觀看不出是否具有實體，然而當戒靈被打敗的時候，卻發現盔甲內空空如也。

托爾金還創造出其他的不死怪物，那就是「古墓屍妖（Barrow-wight）」。「barrow」是古墓的意思，「wight」是指人類。

這是一種類似死靈的虛構生物。

古墓屍妖其實是邪惡國家的亡靈，牠們會附在古人的屍骸使其活動；換言之，古墓屍妖屬於不死族。

古墓屍妖是乾枯的屍體，由於沒有體溫，因此身體非常冰冷。

這裡也可以看出托爾金的巨大影響力，讓乾枯屍體動起來的不死怪物，在各種奇幻作品中開始被稱為屍妖（wight）。

儘管有不少人以為屍妖是自古以來的傳統怪物，但其實這種不死族是20世紀後期才被創造出來的。

死
靈

053
食屍鬼
Ghoul

吃屍體是至高無上的樂趣

這是出現在阿拉伯傳說中的食屍怪物。

堪稱阿拉伯傳說的集大成之作《一千零一夜》中收錄了好幾則有關「食屍鬼」的小故事。

雖然牠們會吃屍體，但也會正常說話，具有智慧。

食屍鬼之間也有正常的社會生活。

男女也有區別，男的叫「ghoul」，女的叫「ghulah」。

食屍鬼的皮膚和放置許久的屍體一樣乾燥變色，牙齒也從裂開的嘴裡暴出，實在稱不上是什麼好看的生物。

不過女食屍鬼卻是美女如雲。因為是屍體，所以毫無血色，明顯看得出

膚色十分蒼白，除了這點之外，其他地方和人類女性沒什麼兩樣，只要稍微上點妝，應該就完全看不出來了。

由於外觀上的差異，因此捕食行為大不相同。

食屍鬼會利用其強力的牙齒吃掉人類，從外表看不出牠們的武器其實就藏在身體裡面。

另一方面，女食屍鬼是利用誘惑青年的方式，等對方放鬆警戒的時候吃掉他們；對食屍鬼來說，吃屍體是至高無上的樂趣。

食屍鬼為了吃屍體，多半都住在墓地裡（伊斯蘭教由於宗教的緣故，都是實施土葬）。

不過，也有住在荒原、森林、洞穴等人煙稀少之處的食屍鬼。

事實上，食屍鬼的肉體就是人類的屍體，據說鎮尼（132頁）會進入屍體，變成食屍鬼或女食屍鬼。

也有頭像狗、腳上有蹄的食屍鬼

然而，隨著克蘇魯神話的出現，食屍鬼的形象也發生很大的變化。

在H.P.洛夫克拉夫特（Howard Phillips Lovecraft）所著《皮克曼的模特兒（Pickman's Model）》中，就有提到食屍鬼。

雖然一樣會吃屍體，名為食屍鬼的種族。

形象也和人類不同，那是頭像狗、腳上有蹄的怪物。

另外，與食屍鬼長時間生活在一起的人類，也會變成食屍鬼。

其他作品中提到食屍鬼可以往返於現世和幻夢境（Dreamlands）之間。

表示儘管被描寫成與人類出身於不同世界的異種族，但人類卻能變成食屍鬼。

現在的奇幻創作中，食屍鬼多半是在傳統食屍鬼的基礎上，再稍微摻雜一些洛夫克拉夫特所描述的食屍鬼特徵的怪物。

食
屍
鬼

054

雪人

YETI

在寒冷的地方自由活動，襲擊人類的「喜瑪拉雅雪人」

　　對人類而言，寒冷是威脅生存的最大敵人；在中世紀以前，凍死是所有死因中的前幾名。

　　不知是否因為這個緣故，世界各地都有在寒冷的地方，自由活動的怪物襲擊人類的故事。

　　其中最著名的就是相傳棲息在喜馬拉雅山脈的「雪人」，俗稱「喜瑪拉雅雪人」。

　　即使在科技發達的現代，依然有人相信雪人的存在。

　　這種不完全是神話或創作出來的存在，有可能是真實存在卻尚未確認的生物，在英語中稱為Cryptid，和製英語叫做UMA。

研究這些未確認生物的學科稱為隱遁生物學，像是尼斯湖水怪和落磯山脈的大腳怪，就是隱遁生物學的研究對象。

雪人也是其中之一。

雖然有些未確認生物的存在會得到證實，但大部分都是其他生物的誤認，當然絕大多數仍是個謎。

雪人的真面目原來是棕熊!?

雪人是自古以來居住在喜瑪拉雅山的雪巴人流傳下來的神秘生物。

體型由小到大依序稱為「yeti」、「meti」、「chuti」。

不過，當地人並不認為牠們是類人猿。

因為當地人本來就沒見過大猩猩等其他的類人猿，所以自然無從比較。

只知道牠們是一種直立行走、全身毛茸茸的巨大生物。

以攀登喜馬拉雅山為目標而來到此地的歐洲人，聽到雪人的外形描述，認為那可能是巨大的類人猿或猿人。

這些歐洲人或許認為meti和chuti的體型太過龐大，缺乏可信度，因此將體型僅有2到2.5公尺的yeti推廣到歐洲。

後來在歐洲地區以雪人或喜瑪拉雅山雪人的名字而聞名，繼而引起人們的興趣。

20世紀中期，發現未確認生物比攀登世界第一高峰更能引起人們的注意，也比較容易籌措到資金，因此大多數的喜馬拉雅登山隊都把發現雪人當作目標之一。

雖然對未確認生物愛好者來說或許很遺憾，但所謂的雪人腳印極有可能是其他生物的足跡。

拿棕熊的照片給雪巴人看的時候，眾人皆言之鑿鑿地說那就是雪人。

雪人

055
鎮尼
JINN

先知穆罕默德承認其存在，古蘭經中也有記載的精靈

相傳住在阿拉伯沙漠的精靈。

從很久以前開始，阿拉伯人就相信「鎮尼」的存在。

每一片土地上都有鎮尼，被視為那片土地的守護者。

鎮尼是土地的精靈，儘管鎮尼分為邪惡和善良兩種類型，但**都是反覆無常、不可信賴**。

一般來說，當新的信仰出現時，舊的精靈就會遭到遺忘。

然而，傳播給阿拉伯人的伊斯蘭教並沒有否定鎮尼的存在。因為伊斯蘭教的鼻祖穆罕默德雖然否定食屍鬼的存在，卻沒有否定鎮尼。

不僅如此，就連《古蘭經》也特地花了一整章的篇幅來描述鎮尼。

因此，在伊斯蘭教盛行之後，人們針對鎮尼展開了各式各樣的討論。對於鎮尼究竟是什麼東西？要如何看待牠？伊斯蘭法學家之間還對此進行過一番討論。

伊斯蘭教認為，在創造第一個人類亞當的2千多年前，阿拉從「無煙之火」中創造出鎮尼。

也因此，**鎮尼的肉體是由火焰和蒸氣組成，血管中流淌著火焰，據說鎮尼死亡的時候會灰飛煙滅**。

隨著時代變遷，鎮尼從受到土地束縛的土地精靈，變成可以隨時去任何地方的存在。

穆罕默德被視為上天派遣給人類和鎮尼的先知。

換言之，鎮尼也跟人類一樣，分為伊斯蘭教徒和異教徒。當然，信奉伊斯蘭教的鎮尼可以得到阿拉的救贖。

《阿拉丁》不是阿拉伯，而是歐洲創作出來的故事

鎮尼的形象形形色色。

通常沒有實體，先像煙霧一樣現身，再化為真正的肉體（多半為巨人）。

神燈魔神就是最好的例子。據說還有臉像 犬的鬼、美青年、美女、蛇等野獸的鎮尼。

在阿拉伯，男性的鎮尼叫做 jinni，女性的鎮尼叫做 jinniyya，但在歐洲圈，無論男女都稱為 génie 或 genie。

日本也有播放的美國喜劇影集《太空仙女戀（I Dream of Jeannie）》，主角之所以是阿拉伯風格的魔女珍妮，就是這個原因。

但說到最著名的鎮尼，應該是《阿拉丁》中的神燈魔神吧。

神燈魔神可以實現主人的願望，主角阿拉丁就是透過祂的力量與國王的女兒結婚。

不過，**最近的研究中發現，《阿拉丁》是在歐洲創作出來的阿拉伯風格故事，後來才被收錄於《一千零一夜》當中**。

鎮尼

056
伊弗利特
IFRIT

> ## 擁有強大兇惡的力量，腦袋卻不太好的煙之魔神

　阿拉伯的火焰精靈，女性的「伊弗利特」叫做「伊弗利塔（Ifrita）」。

　伊弗利特原本似乎是指鎮尼中最強大兇惡的存在，由於威力強大，因此多半被稱為魔神。

　鎮尼是由火焰構成，伊弗利特是由煙霧構成。

　伊弗利特若遭到砍傷，煙霧和蒸氣就會從傷口中噴出。

　對於魔法使來說，強大的伊弗利特是最出色的隨從。

　因此，魔法使才會從鎮尼中挑選伊弗利特來侍奉自己。

　不知是否這個緣故，《阿拉丁》中的神燈魔神也是伊弗利特的說法比較有力。

只是，伊弗利特雖然在肉體和魔法上非常強大，腦袋卻不太靈光。

在《一千零一夜》的第三夜「漁夫與魔神的故事」中，有個關於伊弗利特的小故事。

魔神被蘇萊曼王（所羅門王[1]）用黃銅壺封印起來，扔進大海中。

最初的100年，祂想讓解開封印的人成為大富翁；接下來的100年，祂想打開大地的寶庫給解開封印的人。

但在1800年後，祂開始想殺死解開封印的人。

有個倒霉的漁夫從海裡打撈起這個壺子並打開，漁夫聽到這件事情後大吃一驚。

不過，漁夫發揮了他的智慧。

他問魔神：「你是怎麼進去這個連你的手都伸不進去的壺子裡呢？」

魔神回答：「這很簡單。」於是又化為煙霧進入壺子裡，漁夫就看準這個機會，趕緊把蓋子蓋上。

違背阿拉之命，被逐出天界變成惡魔

伊斯蘭教認為伊弗利特就是伊布力斯（Iblis）。

伊布力斯相當於基督教中的路西法。

當阿拉用土製造亞當，命令天使向亞當跪下時，只有伊布力斯說：「我是火焰製造出來的，所以比用土製造的人類更優秀。」而拒絕下跪。

伊布力斯被阿拉逐出天界，從此變成惡魔。

因此，伊布力斯被視為火之惡魔。

這些傳說結合在一起，使得伊弗利特在現代的小說和遊戲中，被描述成火之魔神和火之精靈。

伊
弗
利
特

1　一般認為是公元前10世紀的古代以色列國王。他是一位相當聰明的人，據說後來能夠驅使72隻惡魔。

057
夢魔和魅魔
INCUBUS SUCCUBUS

讓人類懷孕的淫魔，有時被拿來當成出軌的藉口

源自歐洲傳說的夢魔，是一種淫魔。

原為羅馬神話中出現的魔物，後來引入基督教，開始被視為一種惡魔。

兩者的區別在於，「incubus」是男性形態，「succubus」是女性形態。這兩個名詞源於拉丁語的「incubo（騎在上面）」和「sucubo（躺在下面）」[1]，分別表示從上方壓下來的男性淫魔，和躺在下面的女性淫魔。

以現代人的眼光來看，應該想不到淫魔也會正經八百地用正常的體位進行性交。

由於是以性來誘惑人類的魔物，因此夢魔和魅魔自然都是俊男美女，渾身散發出性感魅力。

這使得各種藝術作品中都能看見牠們的身影，但也有人說這些只是幻象，真正的魅魔其實長得非常醜陋。

事實上，也有一說認為夢魔和魅魔是相同的存在。

同樣的淫魔，接近男性的時候變身為魅魔，以獲取其精液；接近女性的時候變身成夢魔，用儲存在體內的精液使女性懷孕。

這表示，即使因為夢魔而懷孕，產下的孩子也不是惡魔之子，而是人類的孩子。

這樣的說法有時會被拿來當成婚外情的藉口，據說有些女性產下生父不明的孩子時，會妄稱是夢魔所為來掩蓋事實。

亞當的第一任妻子莉莉絲是魅魔女王!?

在基督教中，夢魔和魅魔因其淫穢的性質而被視為主要的惡魔。

公元 5 世紀的基督教神學家奧古斯丁（Augustine of Hippo），在著作《上帝之城》中主張羅馬神話中的法烏努斯（Faunus）[2]和西爾瓦努斯（Silvanus）[3]就是夢魔。

奧古斯丁之所以如此主張，或許帶有讓羅馬人否定羅馬神話，使其皈依基督教的意味。

此外，**在惡魔學之中，據說是亞當第1任妻子的莉莉絲，被認為是魅魔的女王。**

相傳魅魔是莉莉絲的女兒們。

夢魔和魅魔

1 有一種說法是，從sucubo衍生出sucuba（情人）一詞，再從sucuba衍生出succubus（英語的魅魔）一詞。
2 相當於希臘神話中下半身為山羊的牧羊神潘（Pan）。潘以生性好色著稱，經常被塑造成陰莖勃起的神像。
3 羅馬神話中的森林精靈。

058 斯普利坎

SPRIGGAN

逮捕對妖精無禮之人的妖精界刑警

英國西南部康沃爾地區傳說中的妖精。

外型是矮胖醜陋的男性，長得像矮人。

守護著古城堡遺址、古墳、妖精之丘或巨石陣等地。

倘若有人捉住妖精、企圖竊走寶物，或者做出無禮的行為，這時斯普利坎就會立刻現身，將那些不義之徒一網打盡。

換句話說，牠相當於妖精的守護者。

雖然平時身材矮小，但可以自由改變自己的體型，如果需要戰鬥，也能變得像巨人一樣高大。

斯普利坎相傳是過去遭到凱爾特布立吞人（Britons）殺害的巨人亡靈。

所以牠能夠在緊要關頭時回想起過去的樣子，化身為巨人。

在某個傳說故事中，有個盜賊高聲辱罵一個吹笛的老妖精，此時斯普利坎便現身在盜賊的面前。

斯普利坎一開始是呈現瘦弱小人的形象，後來因為盜賊毫無反省之意，牠逐漸變得愈來愈巨大，外表也變得相當駭人。

所以如果不小心得罪妖精的話，最好及早道歉為妙。

性格差勁，喜歡欣賞人類被恐懼折磨的樣子

斯普利坎雖然並非是邪惡的怪物，卻經常對人類做壞事，例如害人類生病或受傷。

不過，**比起直接對人類造成危害，斯普利坎更喜歡欣賞人類被恐懼折磨的樣子**。

除此之外，偷走人類的物品、帶走家畜、帶來惡劣氣候使作物枯死、在剛結出麥子的田地颳起旋風來吹走麥穗等等，對人類做盡所有的壞事。

斯普利坎甚至會擄走人類的嬰兒，將其換成自己的醜陋嬰兒。

有一種把內衣反穿的方法可以驅趕妖精。

一群斯普利坎經常在某個老婆婆的家中炫耀牠們偷到手的東西。

並且每次都會留下一枚硬幣作為場地使用費。

貪心的老婆婆為了把斯普利坎的所有寶物搶過來，故意把內衣穿反。

斯普利坎們見狀，嚇得扔下寶物奪門而逃。

然而，最後一個逃走的斯普利坎對老婆婆的衣物施下詛咒。

後來老婆婆雖然一夕致富，但只要穿上內衣就會痛苦得不得了。

斯
普
利
坎

059

姑獲鳥
UBUME

喜歡把別人的孩子搶來撫養的中國怪鳥

姑獲鳥是中國傳說中的怪鳥。

其外觀和叫聲類似鷗鳥，西晉時代的《玄中記》和明代的《本草綱目》中也有相關的記載。

就連日本的《和漢三才圖會》也有「姑獲鳥」的描述，書中是以「夜行游女」、「天帝少女」、「乳母鳥」、「億講」、「無辜鳥」、「隱飛」、「鬼鳥」、「鉤鳥」等別名來表示。

根據《和漢三才圖會》所述，姑獲鳥屬於鬼神一類。

是一種只有雌性、沒有雄性的種族。

長出羽毛是鳥的形態，羽毛脫落則是女人的形態；孕婦死後會變成姑獲

鳥，因此胸前有兩個乳房可供哺乳。

姑獲鳥會奪取人類的魂魄，喜歡把別人的孩子搶來撫養。

有小孩的家庭只要在晚上把孩子的衣服拿出來曬，姑獲鳥就會現身，用自己的血在衣服上做記號。

這樣一來，孩子就會罹患一種名為無辜疳的疾病。

主要是在7、8月的夜晚，特別是下小雨的夜晚現身；據說姑獲鳥出現的地方，周圍必定會有磷火。

纏上染血的腰帶，搶走別人的嬰兒

在日本，懷孕期間死亡而沒能生下孩子的女性所變成的怪物，會被拿來和姑獲鳥相提並論。

因此姑獲鳥在日本又稱為「產女」。

還有一種習俗，當孕婦不幸死亡，卻又害怕變成產女時，就剖開孕婦的腹部取出嬰兒，讓屍體抱著嬰兒埋葬。

一旦變成產女，就會化為纏著染血腰帶的女人形象，搶走別人的嬰兒。

中國的姑獲鳥傳說有些不太一樣。

晉朝時期，有個男人看到田裡有7名女子，於是不動聲色地接近她們。

他把其中1名女子脫下的羽衣藏起來，然後出現在她們面前。其他6名女子隨即穿上羽衣，變成鳥飛走了，而羽衣被藏起來的女子無法逃走，只好成為這個男人的妻子。

她後來生下3個女兒，並教女兒們找出藏起來的羽衣。找到羽衣後，女子便穿上羽衣，變成鳥飛向遠方。

後來女子帶回3件羽衣，分別讓3個女兒穿上，母女4人一起變成鳥消失在空中。

總之，中國的傳說是接近羽衣傳說的故事。

這裡的姑獲鳥不是怪物，形象比較近似天女。

姑獲鳥

活捉怪物
比消滅牠們還困難

　　最近離開城鎮的機會變多了。

　　每當回到城鎮或村落，居民就會迫不及待地繼續委託我消滅怪物，或是找我商量奇怪的事件。

　　一開始我還很乾脆地接受這些委託，心想總有辦法解決，沒有進行事前調查便直接衝到前線。

　　結果可想而知。

　　我狼狽不堪地逃了回來，好不容易才保住一命。

　　在那之後，我決定要徹底進行事前調查，然後再採取行動。

　　拚命收集怪物的資料，進行實地調查，根據這些資訊擬定作戰計畫。

　　結果產生明顯不同的效果。

　　換言之，行動變得順利多了。

　　這麼說來，也有人委託我去把怪物活捉回來。

　　活捉怪物，遠比消滅牠們要困難得多。

　　況且這些人的目的不是想把怪物當成寵物炫耀，就是想馴服怪物來表演幫自己賺錢。

　　怪物不可能乖乖地當個寵物，讓怪物表演也很危險，根本不可

能馴服。

　這就是怪物之所以是怪物的原因。

　即便是看似無害、好像能親近人類的小型怪物，有時也會帶來災難。

　因此，這座城鎮才會禁止把怪物帶進來。

　如果想要稀有的寵物，我推薦去養異國的動物。

　會表演給人類看的怪物一定是假的。

　若想驅使怪物，最好先試試史萊姆願不願意聽話再來決定。

　不然就搬去一個可以飼養怪物的城鎮，前提是真的有那樣的城鎮存在。

　當我向資料館館長抱怨這些事情的時候，館長微笑說道：

「我想起你之前說想把怪物當成寵物那一天的事了。」

為何擊敗怪物就會得到金銀財寶？

在遊戲中，練功打怪就能賺錢；在故事中，怪物的巢穴裡也有寶藏。

那麼在神話等傳說中也是如此嗎？

事實上，神話中並沒有擊敗野生怪物，或是搜刮怪物的巢穴，就能得到寶藏的故事。民間傳說也是一樣，擊敗怪物獲得寶物的故事並不常見。

這表示不存在擊敗怪物獲得寶物的故事嗎？其實是有的。

首先從被眾神當成守護者的怪物講起。

希臘神話中的拉頓（192頁）就是守護「金蘋果」的守護者，牠的強大程度甚至讓英雄海克力士都要避免與之正面對決。

海克力士拜託巨人阿特拉斯（Atlas）替他摘來金蘋果，然而神話中並沒有描述阿特拉斯摘取金蘋果的過程，因此仍是個謎。

當眾神像這樣命令怪物守護寶物時，只要擊敗怪物就能得到寶物，這時的怪物就是作為神的考驗而存在。

另外，雖然並不常見，但也有擊敗野生怪物而獲得寶物的故事。

只是，野生怪物將寶物帶在身上，這樣的設定還是不太合理吧。如果是懂人話、能夠溝通的怪物，將寶物放在巢穴裡，這樣還比較說得過去。

像日本人熟悉的《桃太郎》就是代表性的故事。

擊敗從人們手中掠奪寶物的惡鬼，藉此獲得財寶，可見寶物確實有其存在的必要性。

另外，英國的民間故事《傑克與豌豆》中，聰明的傑克就從雲上的城堡偷走了金幣、銀幣，甚至是會下金蛋的母雞。

只不過，故事果然不像遊戲一樣那麼簡單就能拿到寶物就是了。

第4章

小頭目級怪物

「冒險在平安歸來之前
仍在冒險」

怪物能夠建立起組織嗎？

答案可能是「YES」，也可能是「NO」。

坦白說，這方面的研究還沒有進展。

畢竟觀察怪物跟觀察雞群或猴群不同，長時間觀察有頭目的怪物族群是非常困難的一件事。

綜合冒險者們的報告來看，確實存在一隻頭目怪物和受其支配的多個怪物的群體模式。

就像猴山上的猴群和猴子頭目一樣。

不過，猴子頭目畢竟也只是猴子，這對怪物來說也是一樣；同類中能力出眾的個體，有時就會當上頭目。

不過，也有像小精靈（Hobgoblin）和哥布林（Goblin）一樣，由相近但不同種類的怪物成為頭目的情況，甚至還有完全不同種類的怪物成為其他種類群體的頭目。

只是人們還不清楚怎樣才算是有組織。

有時頭目怪物看起來像把其他怪物當成手下，有時又像是在差遣牠們。

反之，也有怪物群體會像保鏢一樣把頭目怪物圍在中間保護。

不過，頭目怪物比怪物群體更大、更強壯、更兇暴，這一點大致上是共通的。

擊敗頭目後，剩下的群體會樹倒猢猻散，幾乎沒有怪物不逃走。

即使擊敗怪物群體及其頭目，過了一段時間，又會出現新的怪物組織；就像城鎮周邊的雜魚怪物一樣，不管殺死幾隻，仍會源源不絕地冒出。

那些被擊敗的怪物復活了嗎？抑或是從其他地區移動到沒有怪物的地區？答案不得而知。

捲土而來的怪物有可能是跟以前一樣的種族，也有可能跟以前不同，有時候是只有換了頭目或手下。

總之這個世界還有很多我們不瞭解的事情。

況且冒險者未必都能平安歸來。

我所認識的冒險者中，有許多人不知道是去了遠方，還是死在某個地方，目前下落不明。

又或者是某處有高度組織化的怪物群，而遭遇這些怪物的冒險者無人生還，也不能排除這樣的可能性。

…………

那麼，姑且向你們介紹一下，迄今為止幸運生還的冒險者所報告的頭目怪物吧。

希望你們能夠活著回來，再告訴我冒險的經歷。

畢竟平安歸來之前仍在冒險。

060
獨眼巨人和百臂巨人

CYCLOPS HECATONCHEIR

在最終戰爭泰坦之戰為眾神帶來勝利的巨人們

「獨眼巨人」是希臘神話中登場的單眼巨人。

在希臘語中是「圓眼」的意思。

雖然外表奇特，但獨眼巨人並非怪物。

根據《神譜》描述，獨眼巨人是天空之神烏拉諾斯（Uranus）和大地女神蓋亞（Gaia）所生的孩子，為布隆特斯（Brontes，雷鳴）、史特羅佩斯（Steropes，雷光）、阿爾格斯（Arges，閃電）三兄弟，有著純正的神之血統。

然而，父親烏拉諾斯並不愛這三兄弟。他將三兄弟五花大綁，打入塔爾塔羅斯（Tartarus）[1]。

其實，同為烏拉諾斯和蓋亞之子的「百臂巨人」[2]，也受到相同的待遇。

148

蓋亞為了拯救孩子，讓兒子克洛諾斯（Cronus）切下烏拉諾斯的陰莖，搶走他的位置；可惜的是，克洛諾斯也和其父親一樣，並沒有釋放這些異形巨人。

於是，蓋亞決定再讓克洛諾斯的兒子宙斯推翻自己的父親，這就是克洛諾斯世代的泰坦神族，與宙斯世代的奧林匹斯神族之間所展開的泰坦之戰（Titanomachy）。

這場戰爭打得難分難解，持續了10年之久；這時蓋亞告訴宙斯，只要借助被幽禁在塔爾塔羅斯的巨人力量，就能打倒克洛諾斯。知道這件事的宙斯，將巨人們從塔爾塔羅斯解放出來。

巨人們在戰爭中做出巨大的貢獻，擅長鍛造的牠們，為宙斯等人製作出強大的武器。

最高神宙斯的武器雷霆、波賽頓的三叉戟、黑帝斯的隱身頭盔等傳說中的武器，都是巨人們製造出來的。

憑藉這些武器的威力，宙斯等人順利地贏得戰爭的勝利。

戰後逐漸退化，淪為見到人類就攻擊吃人的蠻族

贏得戰爭後，獨眼巨人們在西西里島的埃特納火山地下打造了一間工作室，過著鐵匠的生活。

順帶一提，百臂巨人回到塔爾塔羅斯，負責監視遭受俘虜的泰坦神族。

然而到了後世，獨眼巨人們卻退化了。

根據荷馬的《奧德賽》記載，獨眼巨人不僅不工作，只知道吃跟睡，甚至變成看見人類就攻擊吃人的蠻族。

牠們最終敗於奧德修斯（Odysseus）的智慧之下。

後世的獨眼巨人就這麼淪落為如同遊戲中所出現的怪物。

獨眼巨人和百臂巨人

---

1 希臘神話中的地獄。
2 希臘神話中的百手巨人，肩膀上有50顆頭。

061

阿爾戈斯

ARGUS

擁有百隻眼睛，從不入睡的零死角巨人

在希臘神話中登場，擁有100隻眼睛的巨人。

這個名字在希臘語中是「閃亮」的意思。

牠還有一個叫做panoptes（看見一切之人）的別名，這應該是根據牠的100隻眼睛而來。

關於百眼的位置有兩種說法。

根據《變形記》的描述，牠的100隻眼睛長在頭上，《伊利亞德》卻說是散布在全身。

除此之外，關於牠的出身也眾說紛紜。

一說認為牠是阿爾戈斯建國國王阿爾戈斯之孫阿格諾（Agenor）之子，

或者是河神伊納科斯（Inachus）之子；另一說是阿瑞斯托爾（Arestor）之子，也有一說是阿爾戈斯國王與河神阿索波斯（Asopus）之女依斯墨涅（Ismene）所生，又或者是生自大地（即蓋亞獨自產下）等，說法不一而足，難以定論。

阿爾戈斯的最大特色就是不用睡覺。

牠的百隻眼睛中，只有2隻會休息，其他的眼睛則保持清醒，而且牠的眼睛能夠全方位監視，毫無死角。

在監視宙斯的外遇對象時，被荷米斯扔來的石頭砸死

一般認為阿爾戈斯原本是土著神。

其最大的功績是奉眾神女王希拉之命，監視變成母牛的伊俄（Io）。

風流成性的宙斯和美少女伊俄偷情，險些被希拉發現，於是宙斯把伊俄變成母牛打算瞞騙過去。

這件事被希拉察覺，她要求宙斯交出母牛。

另外還命令阿爾戈斯去監視那頭母牛。

無可奈何的宙斯只好派遣荷米斯[1]把落入希拉之手的母牛偷回來。

然而，在擁有100隻眼睛、從不睡覺的阿爾戈斯監視之下，荷米斯根本無從下手。

於是，荷米斯從遠處投擲石頭，砸死了阿爾戈斯。

另一種說法是，他變身成牧羊人，用言語催眠阿爾戈斯，再趁機把他的頭砍下來。

希拉大概是覺得無辜喪命的阿爾戈斯很可憐，於是決定將牠的眼睛裝飾在孔雀的翅膀上。

因此，孔雀的羽毛上至今仍留有眼睛的圖案。

阿爾戈斯

1　希臘神話中的諸神傳令使者，也是旅人和商人的守護神。

062

地獄犬

Hellhound

有著血紅色眼睛，全身漆黑的巨大地獄犬

「Hellhound」是出現在英國傳說中的地獄之犬。

地獄犬在各地的名稱都有所不同，例如「Black dog」、「Black shuck」、「Barghest」、「Moddey dhoo」、「Cŵn Annwn」等。

也有一說認為地獄犬是妖精，但基本上被視為是惡魔或其眷屬。

儘管名稱不同，但同樣都是**全身漆黑、有著一雙血紅色眼睛的巨型犬**。此外，**眼睛的顏色也有一些差異，有些是血紅色，有些則像燒紅的煤**。

地獄犬如閃電般快速奔跑，用牠巨大的獠牙和爪子撕裂獵物，其口中會散發出一股硫磺味，並吐出火焰，這些特徵在任何地區都是共通的。

不過，其他特徵在各地就有非常大的差異。

為何人類無法消滅牠？

Black dog會伴隨著雷鳴出現在十字路口或刑場[1]上。

Black shuck是像圓盤一樣又大又圓的黑狗，只有1隻紅色的眼睛，牠的吠叫聲能將人類的血液冰凍起來，而且不會發出任何的腳步聲。

Barghest雖然外觀是長著巨大獠牙和爪子的黑狗，但其實是幽靈。

不知是否因為這個緣故，每當名人去世時，Barghest必定會現身，和當地的狗一起大聲嚎叫。

Moddey dhoo的眼睛有如燒紅的煤炭，卻有一段幫助人類的小故事。

某天是出航的日子，船長卻遲遲沒有現身。

眾人不知道發生了什麼事，也無法順利出航，這時突然狂風大作，巨大的風暴席捲而來。

如果當時已經離開港口的話，一定無法倖免於難。

後來船長才姍姍來遲。聽完船長的解釋，眾人才知道，原來是Moddey dhoo現身擋住船長的去路。

原來Moddey dhoo事先察覺到天氣的異樣，救了大家一命。

相傳Cẁn Annwn是妖精所飼養的狗。

最後再來說說地獄犬。

人類無法消滅地獄犬。

至少目前沒有任何地獄犬遭到消滅的紀錄。

但不知為何，**有些人類能夠讓地獄犬無法接近**。

這些人既沒見過怪物，也從未聽過其腳步聲，只要和這些人結伴同行，就不會受到地獄犬的襲擊。

地獄犬

1　中世紀的時候，十字路口經常作為刑場使用，因為那裡人來人往，非常引人注目。

063

克爾柏洛斯

CERBERUS

原有50顆頭，殘暴且難以應付的冥界看門狗

克爾柏洛斯是希臘神話中登場的3頭冥界看門狗。

不過，留存至今的最古老希臘神話《神統記》中寫道：

「叫聲如青銅般的看門狗／有50顆頭／殘忍且難以應付。」

由此可見，克爾柏洛斯從前的頭似乎更多。

這本書提到，「克爾柏洛斯」是冥王黑帝斯及其妻子波瑟芬妮（Persephone）宮殿前的看門狗。

因為古希臘人認為黑帝斯宮殿即為死者的家，也就是冥界。

後來冥界擴大成一個地下的廣闊世界，克爾柏洛斯也不再守著宮殿入口，變成守護通往冥界的大門。

克爾柏洛斯有3個頭的說法似乎是在公元1到2世紀之間開始出現。在偽阿波羅多洛斯的《希臘神話》中，克爾柏洛斯是一隻有3個頭、帶有龍頭的尾巴、背上長出好幾個蛇頭的怪物。

到公元2世紀希吉努斯的《希臘神話集》，克爾柏洛斯才變成和現在一樣的三頭犬怪物。

可惜屢屢沒能守住冥界之門

克爾柏洛斯是冥界的看門狗，所以不會貿然發動攻擊。

當死者合法進入冥界的時候，牠不會做出任何阻撓。

不過，牠絕對不放過任何試圖離開冥界的人，並會對其發動攻擊。

此外，牠也不允許生者進入冥界。為了防止有人非法出入冥界，3個頭中有2個頭總是保持清醒，以便監視冥界的大門。

克爾柏洛斯是非常強大的怪物，從未被殺死過。

不過，牠有好幾次沒有成功守住冥界之門。

奧菲斯（Orpheus）在妻子歐律狄刻（Eurydice）被毒蛇咬死後，曾以豎琴催眠克爾柏洛斯，試圖前往冥界救回妻子。

豎琴的優美音韻讓克爾柏洛斯的3個頭都陷入沉睡。

在維吉利烏斯（Publius Vergilius Maro）的史詩《艾尼亞斯紀》中，艾尼亞斯按照巫女西比拉（sibyl）的指示，用蜂蜜和罌粟混合製作的點心餵食克爾柏洛斯，順利地通過這個難關。

因為克爾柏洛斯只顧著享用點心，忘了看守大門的職責。

海克力士的12項艱困任務中，最後1項就是用武力把克爾柏洛斯活捉到現世。

他緊緊掐住克爾柏洛斯的喉嚨，趁牠暈厥過去時，用鎖鏈將其五花大綁，冥界的看門狗就這麼活生生地被帶到現世。

克
爾
柏
洛
斯

064 葵干忒斯
Gigas

是眾神的敵人也是朋友，擁有蛇腿的巨人

希臘神話中出現的巨人怪物。

早期的美術作品中是將葵干忒斯描繪成人型巨人，後期卻被描繪成長有蛇腳的巨人。

奉宙斯為主神的奧林匹斯眾神，為了成為世界的統治者，總共展開了兩次大戰。

這兩次戰役中，「葵干忒斯」們一次是站在奧林匹斯神的一方，另一次則是與眾神為敵。

為了打敗不死之身的癸干忒斯，宙斯與人類女子交媾

當烏拉諾斯被克洛諾斯切下陰莖時，鮮血從上面滴落到大地（即蓋亞）。

蓋亞因此懷孕，產下癸干忒斯等巨人。

然而，癸干忒斯也跟獨眼及百臂巨人一樣，被關在塔爾塔羅斯的底部。

在與泰坦神族的戰爭中，宙斯將獨眼巨人、百臂巨人和癸干忒斯一起從塔爾塔羅斯中拯救出來。

為了表示感謝，癸干忒斯與泰坦神族並肩作戰。

然而，泰坦之戰結束後，泰坦神族卻被封印於塔爾塔羅斯。

對蓋亞來說，泰坦之戰是為了將癸干忒斯這些孩子從塔爾塔羅斯拯救出來而發動的戰爭，而這個目的也達到了。

但是，蓋亞無法接受換成另一批孩子（泰坦神族）關押在塔爾塔羅斯。

於是，蓋亞請求癸干忒斯發動戰爭，將泰坦神族從塔爾塔羅斯解救出來，這場戰役就是巨人之戰（Gigantomachy）。

癸干忒斯擁有不會死於眾神之手的能力，因此奧林匹斯眾神得到必須借助人類的力量才能取得勝利的預言；**於是，宙斯與人類女子阿爾克墨涅（Alcmene）交媾，生下海克力士。為了與其對抗，蓋亞讓大地長出癸干忒斯面對人類也能成為不死之身的藥草，察覺到這件事的宙斯將所有的藥草剷除。**

這使得癸干忒斯在人類面前無法成為不死之身。

但是，巨人依舊十分強大。

任何地形也阻止不了癸干忒斯進軍，迫使宙斯只能拿出雷霆迎戰；雖然殺不死癸干忒斯，但起碼可以用雷電困住牠們。

這時，海克力士趁機張弓射箭，將癸干忒斯一一射死。其他諸神也加入戰鬥，祂們利用火焰焚燒、魔杖擊打，或用火山和島嶼壓垮巨人，使其動彈不得；隨後趕來的海克力士，使用毒箭把巨人盡皆射死。

就這樣，癸干忒斯無一生還，諸神在巨人之戰中取得壓倒性的勝利。

癸干忒斯

065

米諾陶洛斯

MINOTAUR

> ### 激怒波賽頓而誕生的孩子，被囚禁於迷宮當中

「米諾陶洛斯」是希臘神話中登場的人型牛頭怪物。

愛琴海上的克里特島國王米諾斯（Minos），是眾神之王宙斯與歐羅巴（Europa）的兒子。

腓尼基國王之女歐羅巴在生下宙斯的孩子後，成為克里特國王阿斯特里安（Asterion）的妻子，但長子米諾斯與弟弟薩爾珀冬（Sarpedon）一直在爭奪王位。

於是，米諾斯乞求波賽頓從海上送來一頭公牛，以證明自己是國王。

米諾斯發誓會把公牛作為祭品獻給波賽頓，波賽頓答應他的請求而送來公牛，米諾斯因此贏得王位。

然而，由於公牛長得太好看，米諾斯捨不得將它當成祭品，於是便換了另一頭公牛來取代。

波賽頓得知此事後勃然大怒，對米諾斯的妻子帕西淮（Pasiphaë）施予愛上公牛的咒語。

對公牛愛到無法自拔的帕西淮，找名匠代達羅斯（Daedalus）商量，請他幫忙打造一座母牛木雕；帕西淮進入木雕，與公牛交配，最終生下牛頭人身的怪物。這隻怪物以前任國王的名字命名為阿斯特里安，後來以具有「米諾斯王之牛」含義的米諾陶洛斯稱之。

後來國王命令代達羅斯建造迷宮（Labyrinth），將米諾陶洛斯關在迷宮的中心。

英雄忒修斯輕而易舉地將其消滅

當時，雅典在與克里特的戰爭中戰敗，被迫每9年進貢7對童男童女。克里特島的國王米諾斯將這些孩童關進迷宮，供米諾陶洛斯食用。

在第3次進貢的時候，英雄忒修斯自願成為祭品。米諾斯王之女阿里阿德涅（Ariadne）愛上了忒修斯，就在忒修斯準備進入迷宮的時候，阿里阿德涅告訴他只要把毛線球的線拉長，就不會在裡頭迷路。

忒修斯按照她的方法穿越迷宮，用暗藏的匕首將米諾陶洛斯刺死。

隨後順著毛線，成功返回迷宮入口。

最終，忒修斯帶著阿里阿德涅一同逃離克里特。

雖然對手是英雄，但一把匕首就能將米諾陶洛斯刺死，讓人不禁覺得米諾陶洛斯似乎沒什麼威脅可言。

順帶一提，忒修斯在回國的途中厭倦了對自己有恩的妻子阿里阿德涅，將她遺棄在途中的小島上。

更糟糕的是，忒修斯忘了當初跟父親許下順利打敗米諾陶洛斯就會揚起白帆的約定，回程時仍舊使用出發時揚起的黑帆；父王埃勾斯（Aegeus）看見黑帆悲痛欲絕，於是投海自盡。

說實話，忒修斯這位英雄的性格和腦袋實在差得讓人感到不可思議。

米諾陶洛斯

066

分身

DOPPELGÄNGER

遇見自己的分身被視為死亡的前兆

在德國的民間傳說中登場，和某人長得一模一樣的存在。「Doppelgänger」在德語中意為「雙重行走者」。

其真面目至今仍不得而知。

有一說認為這是一種名為自體幻視（Autoscopy）的幻覺，也有人相信實際上存在著和自己長得一模一樣的人。

後者有兩種解釋，一種是分身或生靈這類自我產生的存在，另一種是模仿自己樣貌的神秘怪物。

一般而言，**遇到自己的分身被認為是一種不祥之兆，這種情況往往是死亡的前兆**。據說亞伯拉罕・林肯（Abraham Lincoln）就曾遇過自己的分

身。分身預言林肯雖能再次當選總統，卻無法活到任期結束。

在眾多文學作品中出現的「分身」

這種所謂的自我分身，或許撩撥了文學家的心弦，因此出現在許多的創作當中。

在埃德加‧愛倫‧坡（Edgar Allan Poe）的《威廉‧威爾森》中，主角威廉‧威爾森就遇到一個與自己同名同姓、長相和出生日期都一模一樣的同學，這位同學將他所做過的各種惡行一一揭露。

後來每當威廉想做各種壞事的時候，這個人就會出面揭發他，最終威廉手刃這個同名之人。

以《化身博士》而聞名的史蒂文森（Robert Lewis Balfour Stevenson），在《提康德羅加：西高地的傳說（Ticonderoga, A Legend Of The West Highlands）》這首詩中，也有描述分身的悲劇。

在奧斯卡‧王爾德（Oscar Fingal O'Fflahertie Wills Wilde）的《道林格雷的畫像》中，肖像畫是主角的分身。美男子道林每當犯下惡行，肖像畫就會代替本人變得又老又醜，就在道林無法忍受而準備毀掉肖像畫時，自己卻倒下了，現場只留下一具醜陋老人的屍體和一幅美男子的肖像畫。

不過，分身未必都是不祥之兆。**猶太教的塔木德[1]中有個故事提到，有個人尋找神明的下落，最後遇到了自己；能夠遇見分身，可以說是先知的證明。**

另外，還有一種名為分身術（Bilocation）的現象，這是指同一個人同時出現在多個地方，這也是基督的奇蹟之一。

耶穌出席了最後的晚餐，但葡萄酒和麵包同時又被認為是耶穌的血和肉，這也可以說是分身術的奇蹟。

此外，基督同時出席世界各地教會的聖餐禮[2]，全世界的麵包和葡萄酒又同時是基督的肉體和血液，據說這些也是透過奇蹟才得以實現。

分身

1　在猶太教中是僅次於妥拉、米書拿的聖典，是對口頭傳承的律法米書拿的研究和解說。現代將米書拿和解說（革馬拉）合稱為塔木德。

2　與最後的晚餐有關，讓信徒品嘗麵包和葡萄酒，在天主教和正教會中被視為聖禮。

067

報喪女妖

BANSHEE

有人將死之時，發出淒厲尖叫哭號的可怕妖精

相傳在愛爾蘭和蘇格蘭出沒的不祥妖精。

「Ban」是女性、「Shee」是妖精的意思，所以原本只是「女妖精」的意思，但從她在人類即將死去時尖聲哭號的傳說來看，這個名字被視為是一種不祥的存在。

她發出的並非女性低聲啜泣的輕柔哭聲，而是刺耳的尖叫聲。

尤其當名門望族的人類或勇者、聖者過世的時候，據傳會有好幾個報喪女妖現身哭嚎。

報喪女妖的外表是長髮女性，不知是否因為經常哭泣的緣故，眼睛總是呈現血紅色。

她身穿綠衣，披著一件灰色斗篷，在妖精的服裝中是很常見的顏色。

關於長相，據說蘇格蘭的報喪女妖非常醜陋，而愛爾蘭的報喪女妖美麗動人。

即使在近代的17世紀，仍有報喪女妖的目擊報告。

范肖夫人（Lady Fanshawe）在她的回憶錄中提到，她在愛爾蘭的歐布萊恩家留宿時，半夜兩點左右有個身穿白衣、紅頭髮、臉色蒼白、像幽靈一樣的女人，從窗外把頭探進屋內，用一種前所未聞的詭異聲音說了三遍「馬」，隨即消失無蹤。

歐布萊恩先生就是在當晚2點去世。

據夫人的描述，歐布萊恩家只要有家人臥病在床，這位女性每晚都會現身，直到病人去世為止。

在19世紀，奧斯卡‧王爾德的母親也曾寫下關於報喪女妖的事情。

根據她的說法，報喪女妖是那個家死去的年輕女性幽靈。

女性幽靈是為了向活著的親人宣告即將到來的死亡而現身，並以美妙的歌聲作宣告。

在不被發現的情況下吸吮報喪女妖的乳房，就能實現願望

根據1957年阿根廷小說家波赫士（Jorge Luis Borges）等人發表的《幻獸辭典》，得知報喪女妖是具有凱爾特血統之人，出現在蘇格蘭的高地，在窗戶下預告這戶人家有人即將死亡。

然而，報喪女妖未必總是帶來厄運的存在。

蘇格蘭的報喪女妖就像常見的蘇格蘭精靈一樣，位於身體的某個部位有所殘缺。

有些只有一個鼻孔，有些是門牙向外大大暴出，有些則是露出鬆弛下垂的乳房。

據說若能悄悄地接近報喪女妖而不被察覺，並吸吮她下垂的乳房，就能成為她的養子，實現心中的願望。

報喪女妖

068
蛇髮女妖
GORGON

> 原為海神引以為傲的美人三姊妹，卻因惹怒雅典娜而變成怪物

「蛇髮女妖」是希臘神話中的醜女三姊妹怪物。

不過，蛇髮女妖並非從一開始就是怪物。美貌絕倫的她們本來是海神佛西士（Phorcys）和女神克托（Ceto）所生的三姊妹，由長到幼依序為斯忒諾（Stheno）、歐律阿勒（Euryale）、美杜莎。

然而，美杜莎卻成為海神波賽頓的情人，兩人更在女神雅典娜的神殿偷情，**此舉觸怒了處女神雅典娜，美杜莎因此被雅典娜變成醜陋的怪物。不僅如此，向雅典娜抗議的兩個姊姊也被變成同樣的怪物。**

她們的頭髮是由蠕動的活蛇所組成。偽阿波羅多洛斯的《希臘神話》中對蛇髮女妖有更詳細的描述，裡面提到她們的頭部被龍鱗包覆、牙齒大如

野豬、青銅材質的雙手、有一雙能在空中飛翔的黃金翅膀。

直接看到三姊妹樣貌的人，都會變成石頭。

小女兒美杜莎不僅遭到擊敗，還成為女神雅典娜的盾牌

可怕的蛇髮女妖還擁有不死之身，不過擁有不死之身的只有斯忒諾與歐律阿勒兩個姊姊，最小的妹妹美杜莎是肉身之軀。

因此，需要蛇髮女妖首級的英雄珀爾修斯決定殺死美杜莎；他借助雅典娜的力量，得到各式各樣的寶物。

這些寶物包括黑帝斯的隱身頭盔、荷米斯的黃金寶劍、一雙有翅膀的鞋子。在雅典娜的引導下，珀爾修斯來到熟睡的蛇髮女妖們身邊，接著別過臉去，一劍砍下美杜莎的頭顱。珀爾修斯將頭顱放進赫斯珀里得斯（Hesperides）給他的袋子裡，避免自己變成石頭。

兩個姊姊發現美杜莎慘遭殺害，氣急敗壞地追趕兇手，卻找不到利用黑帝斯的頭盔隱身的珀爾修斯。

當時，衣索比亞的王后卡西歐佩亞（Cassiopeia），大言不慚地誇口說自己比波賽頓的任何一個女兒（寧芙）都來得美麗，故而觸怒了波賽頓，使得衣索比亞遭受洪水和怪物的侵襲。

卡西歐佩亞聽說只要把女兒安朵美達獻給海裡的怪物作為祭品，就能免除災難，於是將安朵美達拴在礁石上獻祭。珀爾修斯路過那片海岸，對安朵美達一見鍾情；珀爾修斯和國王約好，只要打敗怪物，就將安朵美達許配給他。他讓怪物看見美杜莎的頭顱，怪物就此變成石頭。

後來，安朵美達的未婚夫菲紐斯（Phineus）又策劃殺害珀爾修斯。珀爾修斯也讓菲紐斯等人看見美杜莎的頭顱，將所有人都變成了石頭。

後來雅典娜將珀爾修斯獻出的美杜莎頭顱鑲嵌在埃癸（Aegis）盾牌的中央處。

蛇髮女妖或許有不檢點的地方，但應該還不至於受到如此殘忍的對待。

希臘眾神的憤怒簡直到了蠻橫不講理的地步。

069
芭芭雅嘎
BABA YAGA

> 住在長著雞腳的小屋，騎在細長的石臼上，動作敏捷的山中女妖

　俄羅斯民間傳說中的山中女妖。

　由於穆索斯基（Modest Mussorgsky）的交響詩《展覽會之畫》中有一首名為《芭芭雅嘎的小屋》的曲子，因此通常都以「Baba Yaga」來發音，但俄語的發音比較接近「Babyga」。日語多半翻譯成「魔女婆婆」或「鬼婆」等。

　在戰爭電影中，如果蘇聯士兵說出「被魔女婆婆詛咒吧」這類台詞，那就是指被芭芭雅嘎詛咒的意思。

　相傳芭芭雅嘎原本是俄羅斯神話中的冬之女神，然而在基督教的影響下，俄羅斯本土的宗教遭到貶低，使得俄羅斯的眾神被視為惡魔。

芭芭雅嘎的形象是瘦得只剩皮包骨的老太婆，住在長著雞腳的小屋裡；屋裡裝飾著人類的骨頭。

平時躺在小屋裡生活，移動時則騎在細長的石臼上。石臼從地面稍微浮起，只要用手上的杵往地面一戳，就能以驚人的速度移動。

也有人通過芭芭雅嘎的考驗而獲得幫助

芭芭雅嘎雖是可怕的怪物，但有時也會幫助人類。根據以分析民間故事結構而聞名的弗拉基米爾・普羅普（Vladimir Propp）的說法，芭芭雅嘎是以反派或贈與者[1]的身分在故事中登場。

阿法納西耶夫（Alexander Nikolayevich Afanasyev）的《俄羅斯民間故事集》中，收錄一則名為《芭芭雅嘎和膽小鬼》的故事，內容是芭芭雅嘎本想砍下41個男孩的頭，卻誤將自己41個女兒的頭砍下。

發現計畫失敗的芭芭雅嘎氣得追殺男孩，卻讓男孩逃走了。

在這個故事中，芭芭雅嘎單純被描述成反派角色。

可是，收錄在同一本書的《芭芭雅嘎》卻略有不同。

繼母把礙事的繼女送到芭芭雅嘎的手上。

芭芭雅嘎本想吃掉這個女孩，卻因為女孩對她所飼養的貓等動物十分親切，最後才得以順利從她的身邊脫逃。

從逃出來的女兒口中得知真相的父親，開槍將繼母擊斃。

克服芭芭雅嘎考驗的女孩，從此過著幸福的生活。

芭芭雅嘎

---

1 給予主角考驗，只要通過考驗，就會以魔法援助的存在。

070
鴆
ZHÈN

以蝮蛇等蛇類為食，身懷劇毒的鳥型怪物

「鴆」是中國的毒鳥，《山海經》的《中山經》中寫道，牠棲息在女幾山、琴鼓山、玉山、瑤碧山等地。

相傳其形象近似雉雞，以蜚（蚜蟲）為食。不過，在不同版本的《山海經》中，鴆是一種體型像鷲那麼大的鳥類，身上有紫綠色的羽毛，以及長長的脖子和紅色的鳥喙。

由於是以蝮蛇等蛇類為食，因此體內含有劇毒，這種劇毒稱為鴆毒。公鴆叫做運日，母鴆叫做陰諧。

鴆毒自古以來就被人們用於暗殺。鴆的羽毛有毒，這種毒可以溶於水，無味無臭。

只要把鴆的羽毛插進飲料中輕輕攪拌，毒就會溶入飲料，使得飲用的人死亡。

新幾內亞發現有毒的鳥！鴆是真實存在的生物!?

中國三大惡女之一的呂雉[1]，就是以使用鴆毒著稱。

呂雉意欲加害與兒子惠帝爭奪皇位的劉如意，於是將他召來京城；發現母后計畫的惠帝因為不願殺死弟弟，於是與劉如意片刻不離，導致呂雉遲遲找不到機會對劉如意下手。

後來呂雉趁惠帝外出狩獵的時候，讓劉如意喝下用鴆的羽毛攪拌的飲料，成功將劉如意毒死。惠帝對這個結局悲嘆不已。

呂太后又在劉如意死後，將他的親生母親戚夫人的四肢砍斷，挖眼致盲、熏耳致聾、灌藥致啞，最後扔進茅房[2]。呂太后以「人彘（如豬之人）」來辱罵她，對這副慘狀極盡嘲諷。

惠帝看見戚夫人的慘狀後深受打擊，從此不理政事，終日沉溺於酒色之中，年僅23歲便英年早逝。

鴆一直被認為是傳說中的鳥，實際上並不存在，人們認為根本不存在有毒的鳥。

然而，到了20世紀後期，有人發現棲息在新幾內亞的一種名為黑頭林鵙鶲的鳥類具有毒性。

21世紀還發現了其他幾種具有毒性的鳥。

如今，有人開始以這些鳥類為例證，提出中國古代真的存在過鴆這種有毒鳥類的觀點。

鴆

1　漢朝開國皇帝劉邦之妻，又稱呂太后。
2　當時中國的廁所是設置在一個大坑上，坑裡養著豬，以人類的排泄物為食。

071

貓鬼

Maogui

操縱死貓的靈魂，詛咒殺害人類的術法

「貓鬼」是中國的貓妖怪。

正確來說，貓鬼是指邪門歪道的咒術（因為邪惡而遭到禁止的咒術），透過這個咒術創造出來的妖怪也叫做貓鬼。

貓鬼之術是一種蠱毒，也就是利用生物詛咒人類的術法；在這些術法中，又以貓鬼之術最為兇惡。

在中國，人死後會變成鬼，鬼就是日本人所說的幽靈。貓死後也會變成鬼，貓鬼之術就是操縱這個貓鬼去殺人。

貓鬼的製作方法眾說紛紜，有一種做法是把兩隻貓關在一個大甕裡，讓牠們在裡面自相殘殺。

　　接著，把倖存下來的貓埋在地下使其無法動彈，只露出頭來，將食物擺在貓的面前，等貓餓到發瘋的時候，把牠的頭砍下來。

　　最後只要把貓頭埋在要詛咒的對象家門前就大功告成了，犬神的製作方法也差不多是這樣。

　　據說還有更殘忍的方法。

　　趁夜挖出一歲前死亡的嬰兒屍體（中國從前是以土葬為主），然後踏著禹步[1]，口唸咒語，把嬰兒的頭砍下來。

　　再將頭顱塞進飼養的貓的肚子裡。

　　使用貓鬼之術的好處在於，如果用這個術法咒殺對方，死者的財產就會變成施術者的財產。

　　換言之，這是同時滿足想殺死對方的怨恨（嫉妒等）和金錢慾望的咒術。

提到貓的妖怪，日本人第一個就會想到「貓又」

　　貓鬼之術在隋朝時期受到頻繁使用。

　　其中最著名的事件，就是隋朝皇室的外戚獨孤陀，企圖利用貓鬼對貴為皇后的親姊姊與妻子的姊姊下詛咒；這個重大事件甚至被記載在中國的官方史書《隋書》當中。

　　在沒有貓鬼的日本，一提到貓的妖怪，大家就會聯想到貓又。

　　根據鎌倉時代藤原定家的日記《明月記》描述，躲在山中的貓又曾經吃掉好幾個人；據說貓又的眼睛和貓一樣，身體卻像山狗一樣強壯。

　　另外，《徒然草》中寫道，家中飼養的貓也會隨著年紀增加而變成貓又。一旦變成貓又，尾巴就會分岔成兩條，這個說法似乎是從江戶時代流傳下來的。

貓
鬼

1　中國流傳的咒術步法，據說是效仿古代聖王的走路方式創造出來。

為何哥布林會住進有克爾柏洛斯的洞窟裡？

　　在消滅以人煙罕至的洞窟為根據地的人類盜賊團時，我頭一次遇到頭目。

　　一開始先和手下戰鬥，最後才跟頭目戰鬥。

　　頭目位於洞窟的最深處，對手下發號施令。

　　那個盜賊團是以上級支配下級的結構組成。

　　就算不是盜賊團，也能在人類社會也能找到不少具有上下關係的組織。

　　如果是人類，只要腦袋聰明、本領高強、具備膽識和人望，就能當上頭目，這對盜賊團來說也是一樣吧。

　　先不提消滅盜賊的事，後來甚至連遇到頭目怪物的機會也變得愈來愈多。

　　有時可以明顯看出上下支配關係，有時則看不出來。

　　比方說，跟在一群哥布林的後面，攻進迷宮深處房間的時候。

　　裡面的房間裡有隻小精靈……不對，是克爾柏洛斯，我以為克爾柏洛斯一定是哥布林的頭目。

　　而哥布林是把克爾柏洛斯當成看門狗飼養，需要時便放出來攻擊敵人。

說不定哥布林也是這麼打算，才把我們引誘到這個房間裡。

然而克爾柏洛斯卻開始攻擊附近的哥布林。

看到這一幕的哥布林們本想逃離房間，但我們剛好站在前方。

儘管如此，哥布林依舊不顧一切地朝我們這邊衝過來，克爾柏洛斯也緊追在哥布林的後面。

看樣子克爾柏洛斯無法分辨人類和哥布林，似乎把我們當成了哥布林的同伴。

克爾柏洛斯毫不留情地朝這邊襲來，我們只好連同哥布林一起除掉。

哥布林究竟是基於怎樣的想法，才選擇住在這種地方的呢？

是在知情的情況下住進來？還是在一無所知的情況下住進來？

我曾經在酒館裡提起這件事，別人卻笑我幹嘛在意這種奇怪的地方。

沒辦法，就把這件事當成伴手禮說給館長聽吧。

奇幻作品的怪物和恐怖作品的怪物有什麼不同？

即使是怪物，也未必只會出現在奇幻作品中，像是出現最多怪物的應該是恐怖作品。

不過，奇幻作品和恐怖作品在面對怪物的態度上就有著根本性的差異。

那就是，奇幻作品的怪物是「考驗」，而恐怖作品的怪物是「恐懼」。

當然，奇幻作品的怪物也很可怕，有些甚至是必須正面交鋒才有一絲勝算的強敵，就算正面迎戰沒有勝算，也可以悄悄潛入偷走想要得到的寶物，或者憑藉智慧和本領來達成目的。

怪物就是作為那時候的障礙而存在（雖說是奇幻作品，但奇幻小說等又另當別論）。

相反地，恐怖作品的怪物是以讓主角們陷入恐懼為目的。

當然，也有故事像伯蘭・史杜克（Bram Stoker）的《德古拉》一樣最終成功消滅了吸血鬼，但這也不是靠主角的實力，而是憑藉著些微的幸運，或是偶然的幫助，才順利將怪物打敗。

假設同樣是對抗吸血鬼的故事。如果是奇幻作品，故事就會是調查吸血鬼的弱點，拿到能夠戰勝它的武器，選擇合適的戰場來打敗它。

但如果是恐怖作品的話，故事就會是因為吸血鬼而失去朋友和夥伴，深切感受到自己的無力，其中有些故事是無意間發現逃過一劫的方法而倖存下來；如果不是那麼順利的故事，就只能迎來悲慘的結局。

換句話說，主角只要肯努力就能設法解決的是奇幻（冒險）作品；主角再怎麼努力也無濟於事，只能靠運氣保住一命，或者像預期一樣墮入死亡深淵的是恐怖作品。

除此之外，還有一種有怪物出現的創作，我們可以想成是怪獸作品。

對抗怪獸時，如果有超人力霸王之類的角色登場並贏得勝利，那就是與奇幻作品類似的故事結構，但如果是像第一代《哥吉拉》這種人類無力抗衡的故事，就是與恐怖作品類似的故事結構。

第 **5** 章

中頭目級怪物

「怪物之中
也有原本是人類的
怪物」

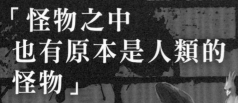

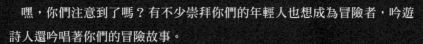

嘿，你們注意到了嗎？有不少崇拜你們的年輕人也想成為冒險者，吟遊詩人還吟唱著你們的冒險故事。

多虧你們的協助，資料充實了許多，利用這個資料館的人也比以前增加不少。

有些冒險者會把自己的狩獵地或怪物的知識當成自己的祕密，或許是不想讓其他的冒險者搶走自己的功勞吧，但這是一件很遺憾的事情。

對了對了，今天要介紹的是比上次更難對付的頭目級怪物。

愈屬害的頭目級怪物，離人類住的地方愈遠。

正確來說應該是反過來才對，人類不會在強大怪物的地盤上建造城鎮。萬一建造了，就只有兩條路可以選擇，某人出面徹底消滅那個怪物，或是放棄城鎮。

什麼什麼，你們曾經看過那樣的廢墟？怪物在廢墟中任意遊蕩，裡頭還有怪物的巢穴。

廢墟裡總是免不了有怪物出沒。

在廢墟建立巢穴的怪物報告不勝枚舉。

而且，在這些佔據廢墟的怪物中，也有能夠理解人類語言的怪物，或是原本似乎是人類的怪物。

比方說吸血鬼。

吸血鬼被認為是渴望長生不老而製作秘藥，進行禁忌儀式，從而獲得不死之身的人。

據說吸血鬼會吸食活人的血，被吸血的人也會變成吸血鬼。

在這種情況下，最先成為吸血鬼的人就會成為頭目，其他的吸血鬼則會成為他的手下；頭目似乎仍保有生前的記憶，也能開口說話。

有時還會變成霧或蝙蝠的形態。

吸血鬼手下的相關資訊不多。

只知道吸血鬼似乎有很多害怕的東西。

例如大蒜、十字架，以及陽光。雖說是長生不死，但據說用原木木樁貫穿心臟，吸血鬼就會化為灰燼。

白天像屍體一樣仰臥，只有夜晚才會活動。

倘若這些弱點屬實的話，感覺不像是那麼難纏的對手，但吸血鬼會以人類的樣貌混入人群，讓人類分不清楚誰是吸血鬼，導致互相猜忌，吸血鬼趁此期間不斷增加……這種狀況正是吸血鬼的可怕之處。

話說回來，吸血鬼的真偽應該可以透過十字架和陽光來確認，但這部分知之甚少。

這部分模糊帶過還望各位見諒，因為這方面的資料幾乎都是傳聞。

正因為如此，我才希望你們能夠親眼確認。

072

蠍獅
MANTICORE

人臉、獅身、蠍尾，吃人的可怕怪物

歐洲廣為人知的傳說怪物。

希臘醫生克特西亞斯（Ctesias）是公元前5世紀波斯國王阿爾塔薛西斯二世（Artaxerxes II）的御醫，他所撰寫的《印度史[1]》是最早將「蠍獅」介紹給歐洲人的文獻。

在這本書中，蠍獅被視為棲息在印度的食人怪物。公元2世紀的希臘地理學家保薩尼亞斯（Pausanias）在《希臘志》中引用了《印度史》，裡面寫到蠍獅有可能就是印度虎。

另一方面，公元1世紀活躍於羅馬的老普林尼[2]，在《博物志》中是將蠍獅視為棲息在衣索比亞沙漠中的怪物。

　儘管長相和耳朵是人類的男性，但皮膚卻像血一樣紅。三排牙齒像梳子一樣排列生長，眼睛是藍色的。

　獅子的身體上長著蠍子的尾巴。叫聲有如長笛和小號合奏的聲音，據說也能模仿人類的聲音。

　動作非常敏捷，嗜吃人類的血肉。

近世仍堅信是真實存在的怪物

　從博物學書籍或地方志上的記載可以看出，當時的歐洲人認為蠍獅這種怪物實際上棲息在印度或非洲等地。

　這種觀點到了中世和近代也沒有改變，人們一直認為牠是在歐洲遠方實際存在的怪物。

　證據就是**中世紀有許多動物寓言集受到編纂，其中許多書籍中都有蠍獅的條目。**

　另外，到了中世紀以後，**老普林尼的《博物志》變成活版印刷的書籍，開始受到當時的知識分子廣泛閱讀。**

　因此，**蠍獅也跟著成為許多知識分子的常識。**

　如今出現在創作作品中的蠍獅，形象與古希臘時代幾乎一模一樣。

13世紀《羅切斯特動物寓言集（Rochester Bestiary）》插畫中的蠍獅

1　這本書已散佚不存，但受到好幾本書的引用。《希臘志》也引用了其中的內容。
2　蓋烏斯・普林尼・塞孔杜斯（Gaius Plinius Secundus）。生於公元23年，79年逝世，古羅馬政治家兼博物學家。為了與姪子小普林尼區分，以老普林尼稱之。

蠍
獅

073
獅鷲
GRIFFIN

頭部和前腳是鷲，身體是獅子的怪物，喜歡收集黃金

希臘傳說中的飛天怪物，不是希臘神話，而是在希臘人撰寫的地理書中出現的怪物。

希羅多德[1]（Herodotus）的《歷史[2]》就是其中之一。

根據這本書的內容描述，在希臘遙遠的北方有個名為Arimaspi的種族，他們的國家裡棲息著一種名為Gryps的怪鳥。

據說Gryps會收集黃金，而Arimaspi人則從牠的巢穴裡搶走黃金。

在艾斯奇勒斯（Aeschylus）的戲曲《被縛的普羅米修斯》中，普羅米修斯因為賜予人類火而被綁在高加索山上，而前來吞噬他的肝臟的怪物，被認為就是「獅鷲」這個4隻腳的鳥。

此外，獅鷲也出現在老普林尼的《博物志》中。

書中描述牠是一種有耳朵和鳥喙極其彎曲的鳥，棲息在衣索比亞，不過老普林尼本人評論這可能是編造的故事。

基本上從頭部、前腳到翅膀，都是鷲的形狀。

身體以後則是獅子的形象，不過也有繪畫是將前腳也畫成獅子。

在中世紀的時候，獅鷲也曾被描繪成一種惡魔。

相反地，根據牠喜歡收集黃金（好東西的象徵）這一點來看，有時也被認為是基督的代表。

另外，由於牠的造型優美，也常用於貴族的紋章等處，其中也有身上沒有翅膀的獅鷲。

為了吃肉，拉著亞歷山大大帝的戰車於空中飛行

不過，最浮誇的傳說應該是亞歷山大大帝[3]利用獅鷲在天空飛行的故事。

相傳大帝抓住4隻獅鷲，將牠們拴在戰車上，並把肉掛在牠們的頭上。而獅鷲為了吃肉，便拉著戰車飛向天空。

當然，這並非真實發生的事件，而是像《水戶黃門漫遊記》一樣，借用名人的名字所創作出來的故事。

獅鷲

1 公元前5世紀的希臘歷史學家。著有描寫波斯戰爭的《歷史》，而被稱為「歷史之父」。
2 雖然是描述波斯戰爭的歷史書，但除了發生戰爭的希臘和波斯之外，還記述了周邊地區的地理情況，是一本同時涵蓋歷史和地理兩方面的書籍。
3 公元前4世紀的真實人物。從馬其頓國王開始，征服希臘、波斯等地，建立起世界上第一個世界帝國。

074

不死鳥

Phoenix

實際上並非不死之身的不死鳥

出現在古埃及神話當中，後來在希臘和羅馬廣為人知的不死鳥。

埃及人追求永生，這一點可以從他們製作木乃伊看出來；創造出永生的貝努鳥，也是這種觀點的體現，這就是後來「不死鳥」的原型。

正確來說，貝努鳥並非永生不死。

牠像太陽一樣，每到黃昏就會死亡，隔天早上重新獲得生命，藉此永久生存下去，可以將牠視為太陽也無妨。

希臘人受到貝努鳥的啟發，創造出不死鳥 Phoinix。

希臘語的 Phoinix 受到英語吸納，變成 Phoenix。

根據希羅多德的《歷史》描述，Phoinix 棲息於阿拉伯，羽毛有金色和

紅色的部分,形狀和大小與鷲相似。

每500年父鳥死亡,Phoinix就把遺體和沒藥[1]裝進蛋形的東西內,運到埃及的Helios神殿。**不過既然父鳥會死,看來Phoinix似乎不太可能永生不死。**

活了500年,自己死而復生,自行將遺骨運回埃及埋葬

不死鳥是在公元後才再次擁有永恆的生命。

不死鳥活了500年後,會自行堆起檀木點火,進入火焰中自焚。

隨後,年輕的不死鳥會從火焰中再度誕生,並且將自己的遺骨運到埃及埋葬。

根據老普林尼的《博物志》描述,不死鳥是一種像鷲一樣大的鳥,有著金色的頭、淺藍色的尾巴,其餘部位呈紫紅色,頭上還有個雞冠。

一旦死期將至,就用桂皮或乳香等檀木築巢,於巢中死去。

接著,屍體上冒出蛆蟲,蛆蟲長大後便成為不死鳥的幼鳥。

由此可見,**不死鳥並非完全不死的鳥,而是自己尋死後再度重生的鳥**。

其死亡與重生的形象,作為耶穌復活,以及煉金術中能夠讓死者重生的賢者之石的象徵,深深地銘刻在歐洲人的心目中。

另外,在手塚治虫的《火之鳥》中,鳥的頭上繪有一個像雞冠的物體,一想到這是以公元1世紀老普林尼的記述為原型,會不會覺得有很深的含義呢?

不死鳥

---

1 可以從無患子等樹木中提取的樹脂,作為木乃伊的防腐劑等用途。

075

奇美拉

CHIMERA

出身著名怪物世家，可謂怪物中的怪物

　　奇美拉是希臘神話中多種生物混合而成的怪物。

　　荷馬的《伊利亞德》是最早提到「奇美拉」的文獻，相傳牠是希臘神話中最強大的怪物堤豐（Typhon）和蛇怪艾奇德娜的女兒。

　　不錯，奇美拉是雌性。

　　這一點在後來的書籍中也沒有改變。根據這本書的描述，奇美拉的資訊如下：

　　奇美拉並非人類所生，而是神的種族。身體的前半部是獅子，後半部是蛇，軀幹是山羊，是一種能從嘴裡噴出猛烈火焰的怪物。

換言之，奇美拉只有1個頭，就是能口吐火焰的獅子頭。

然而，海希奧德的《神譜》卻有很多不同的描述。

首先，奇美拉變成九頭蛇的女兒。

其形象也大不相同。

一共有3個頭，由前到後依次是獅子、母山羊和龍，而噴火的是山羊頭。

另一方面，在偽阿波羅多洛斯的《希臘神話》中，奇美拉的出身與荷馬描述的一樣，是堤豐和艾奇德娜所生。

不過，形象與海希奧德的敘述略有不同。

奇美拉在《希臘神話》中為獅子頭、龍尾（即尾巴末端為龍頭）、山羊頭從軀幹長出的形象。

只不過，與海希奧德的描述一樣，噴火的是山羊頭。

口吐火焰的攻擊反遭利用，因而斃命

如前所述，每個文獻的描述各有不同，唯一相同的地方在於，殺死奇美拉的人都是貝勒羅豐。

貝勒羅豐騎乘天馬，成功地從空中將鉛球塞入奇美拉的口中。

正欲吐出火焰的奇美拉，被口中熔化的鉛球腐蝕身體而死亡，這表示鉛球是塞入山羊頭上的嘴裡。

就算奇美拉再怎麼強大，似乎也不敵從空中發動的出其不意攻擊，故而遭到貝勒羅豐擊退。

奇美拉

076
吸血鬼
Vampire

無法正常死亡的人類變成了吸血鬼

　　世界各地都有吸血怪物的傳說。

　　其樣貌、能力、弱點因地區而異，千差萬別，其中最著名的就是流傳於東歐的「吸血鬼」。

　　以下的說明也依據這個吸血鬼的版本。

　　自殺或他殺等非自然死亡的情況。

　　死者本身有問題，例如魔女或被逐出教會的人。

　　葬禮有問題，例如沒有清洗屍體，或者有貓從屍體上走過等等。

　　總而言之，像這樣**非正常死亡的人都有可能成為吸血鬼**。

　　葬禮過後不久，開始有人聲稱目睹應該已經入土為安的死者，而且還被

那個死者吸了血。

眾人挖開墳墓一看，屍體沒有腐爛，仍保持著生前的模樣，唯一不同的是嘴角沾著血，這就是吸血鬼。

但是，關於這個吸血鬼的真實身分有兩種說法。

一種是屍體被惡靈附身，另一種說法是死者的靈魂在移動自己的屍體。

成為吸血鬼的六大特徵

說到吸血鬼的特徵，第一個就是不死。正確來說，因為已經死亡，所以才不會死。

第二個特徵是吸血。關於這一點，也有一種說法認為吸的不是血，而是精氣或生命力之類的東西。

第三個特徵是吸血鬼的形象不會出現在鏡子裡。

這個說法並非自古以來就有，而是根據「鏡子能照出靈魂」這個德國傳說，演變成沒有靈魂的吸血鬼不會出現在鏡子裡的說法。

加上吸血鬼電影廣泛地使用這個設定作為電影效果，似乎對推廣到全世界也有幫助。

第四個特徵是變身能力。不僅電影，吸血鬼在傳說中也會變身成狼、蝙蝠或霧。

因此，從前的人們經常把狼人和吸血鬼拿來相提並論。

甚至還有一說認為狼人死後就會變成吸血鬼。吸血鬼之所以能變成霧，大概是因為它是從埋在地下的棺材裡出來的。

在吸血鬼傳說誕生之時，農民是採用土葬的方式，上級貴族則是放入棺材間。傳說中所描述的吸血鬼幾乎都是農民。

然而，從地下深處打開棺材出來活動不太符合現實，於是才出現或許有能力變成霧的說法。

第五個特徵是擁有超乎人類的強大力量。

但是，很少有吸血鬼會使用迷惑或催眠之類的能力，這些很有可能是在創作時加油添醋的內容。

第六個特徵是，如果被吸血鬼殺死，也會變成吸血鬼。

這其實是希臘吸血鬼維克拉卡斯（Vrykolakas）的能力，並非吸血鬼原有的能力。

吸血鬼

陽光並非弱點，也不怕十字架，這是真的嗎!?

眾所皆知，陽光是吸血鬼的弱點。

但實際上，**吸血鬼出現在白天的傳說也非常多。不僅如此，除了電影之外，在原著小說《德古拉[1]》中，德古拉伯爵就是在傍晚活動**。雖然不見得喜歡陽光，但沐浴陽光就會死亡的設定只是電影的效果，與原來的吸血鬼截然不同。

原本的傳說也沒有害怕十字架的說法，甚至**在原作小說中，德古拉伯爵對碰觸十字架也毫不在意**。

在東歐的一些地方，也有說法認為吸血鬼害怕的不是十字架，而是聖像[2]。銀是神聖的金屬，據說可以驅除邪惡之物，因此人們相信吸血鬼可以用銀來擊退。

釘上原木木樁就能殺死不死的吸血鬼，這也是相對普遍的說法，不過使用的木材包括梣樹、山楂樹、橡樹等各種樹木。

另外，木樁釘上的部位也眾說紛紜，包括心臟、喉嚨、腹部、嘴巴等等。說起來，這些部位被木樁刺穿，就算不是吸血鬼也活不成。

此外，吸血鬼還有一個弱點，就是除非受到邀請，否則不能進入他人的房子。

不過，一旦進入房子，以後就能自由進出。這是地域限定的傳說。

也有一說認為吸血鬼無法渡過流水，據說這是受到流水是神聖之物的古老民間傳說的影響。

其實，現在德古拉伯爵這類吸血鬼的貴族形象，都是創作的產物。

順帶一提，出現在傳說中的吸血鬼，基本上都是平民，貴族不會變成吸血鬼。

貴族形象的吸血鬼多半是受到波里道利[3]（John William Polidori）所著的《吸血鬼》（1819年）影響。

故事的主角吸血鬼盧希梵爵士，是一名優雅倜儻的美男子，這時因為本作的吸血鬼是以詩人拜倫勳爵（Lord Byron）作為原型；拜倫勳爵的氣色不好，所以主角的臉色也很蒼白。

由於這部作品大受歡迎，使得之後出現的吸血鬼小說大多都是貴族形象的吸血鬼。

　例如，在勒・法努[4]（Joseph Sheridan Le Fanu）的《卡蜜拉》（1872）中，就出現貴族千金的女吸血鬼卡蜜拉；另外在伯蘭・史杜克（Bram Stoker）所撰寫、堪稱吸血鬼經典小說的《德古拉》中，德古拉伯爵就是以穿刺者弗拉德（Vlad the Impaler）為原型。

　並且這些形象也給電影提供了靈感。

　世界上第一部吸血鬼電影，是1909年的無聲電影《Vampire of the Coast》。

　之後，陸續有好幾部電影都以《德古拉》為靈感而製作。

　電影中開始運用害怕十字架、被陽光照射會灰飛湮滅這類較有電影效果的呈現方式。

　尤其不會出現在鏡子裡的特徵，以當時的拍攝特效也能實現，因此常被用來作為讓觀眾嚇一跳的演出。

　另外，吸血鬼披在身上的斗篷，也因為具有電影效果而受到廣泛使用。

1　愛爾蘭作家伯蘭・史杜克於1897年創作的恐怖小說，成為無數電影、戲劇、電視劇的原著。
2　主要是正教會使用，描繪基督、聖人、天使、聖經場景等的圖像。
3　約翰・威廉・波里道利（1795～1821）。英國的醫生和作家，也是詩人拜倫的主治醫生。拜倫本想撰寫吸血鬼小說，但很快就厭倦了，波里道利後來利用這個點子寫出《吸血鬼》，使得這本書有時候會被誤認為是拜倫的作品。
4　約瑟夫・謝里丹・勒・法努（1814～1873）。愛爾蘭的恐怖、推理作家。

吸血鬼

077

杜拉漢

DULLAHAN

原本是嘴巴裂到耳朵、把頭夾在腋下的女妖精

「杜拉漢」是出現在愛爾蘭傳說中的妖精。

又名Unseelie Court。

這個名字是「不受祝福的妖精」的意思，代表牠與人類是敵對的關係。

一般而言，杜拉漢是以乘坐戰車[1]的男性戰士形象呈現，脖子以上空無一物，左手抱著頭，右手握著戰車的韁繩。

不過，根據愛爾蘭作家葉慈[2]（William Butler Yeats）的描述，**杜拉漢原為把頭夾在腋下的女妖精，臉上的嘴巴裂到耳朵，露出駭人的笑容。**

杜拉漢坐在名為Cóiste-bodhar的無頭黑馬所牽引的戰車上面，戰車車輪的輻條和把手都是用人骨製作。

懸掛頭骨代替燈籠，在裡面點火，馬車的斗篷是用被蟲蛀爛的天鵝絨製成，車上放著棺材。

杜拉漢是為了告訴人們有人將死才現身的。

如果看到陰森森的馬車在屋子周圍奔馳，那就是杜拉漢出現了；就算把門關上，插上門閂也沒用。

因為杜拉漢一到，門就會自動打開。

然後，他會站在有死者的屋子前，敲幾下門；家裡的人一打開門，他便潑出一盆血，隨即頭也不回地離開。

之所以變成無頭的男性騎士，是因為和其他傳說混淆了

杜拉漢之所以變成男性的無頭騎士，據說是跟其他傳說混雜所造成的。

歐文[3]（Washington Irving）根據亞瑟王傳說中的無頭騎士，與美國紐約州流傳的德國無頭騎士傳說，創作出小說《沉睡谷傳奇》。

這個故事講述的是美國獨立戰爭期間，在英國服役的德國傭兵遭到殺害而失去頭顱，從此在紐約近郊的森林等待犧牲者的到來。

由於這個故事在美國相當著名，為了吸引遊客，該村子甚至在 1997 年改名為沉睡谷。

在現在的創作作品中，經常出現沒有頭（單手抱著頭）的騎士是惡靈或不死者的杜拉漢，一般認為這是杜拉漢和上述傳說混合而產生的。

杜拉漢

1　戰爭時使用的靈活小型馬車，通常是 1～2 匹馬牽引的雙輪馬車。
2　威廉・巴特勒・葉慈（1865～1939）。愛爾蘭的詩人和作家，曾榮獲諾貝爾文學獎。
3　華盛頓・歐文（1783～1859）。美國作家。

078

拉冬

LADON

守護具有長生不老效果「金蘋果」的怪物

「拉冬」也是出現在希臘神話中的怪物。牠和奇美拉（184頁）一樣，是堤豐和艾奇德娜所生的孩子。

不過，也有一說認為是佛西士[1]與克托所生，或是蓋亞的孩子。

在世界的西方盡頭，有一座阿特拉斯（Atlas）的女兒赫斯珀里得斯[2]（Hesperides）所居住的果園，那裡就位於其父親阿特拉斯支撐天空的地方附近，從前那裡的國家離奧林匹斯山更近。

果園裡有眾神的女主人希拉的果樹園，種著一株金蘋果樹。

但是，風流成性的宙斯卻擅自拿走妻子果園裡的金蘋果，當成禮物送給其他女人。

這是因為金蘋果具有長生不老的效果。

後來希拉將果樹園移到世界西方盡頭的阿特拉斯山，她讓赫斯珀里得斯負責照料果樹，命拉冬看守。

擁有100顆頭和200隻眼睛的拉冬絕對不會睡覺。

因此作為守護金蘋果的不二人選。自從讓拉冬負責看守後，金蘋果便再也沒有被偷走。

被希拉提拔上天，化為天龍座

然而，海克力士卻成功突破拉冬的守護。在海克力士的12項艱困任務中，其中一項任務就是摘取金蘋果。

按照普羅米修斯的預言，海克力士拜託阿特拉斯幫他摘取金蘋果，阿特拉斯告訴海克力士，只要海克力士能夠替他支撐天空，就會幫忙摘回來。

於是，海克力士便暫時代替阿特拉斯撐起天空。阿特拉斯隨後從赫斯珀里得斯的果園摘來3顆蘋果，不僅如此，他還主動提出要將蘋果送到海克力士想送的地方。

其實這時的阿特拉斯已經厭倦了支撐天空，打算將這項任務推給海克力士，自己趁機逃跑。

不過，普羅米修斯也預言了這件事，知道此事的海克力士告訴阿特拉斯，用現在這個姿勢背著天空很痛苦，希望他能示範一下怎麼背比較輕鬆。阿特拉斯欣然答應，再次把天空背了起來，海克力士見狀便帶著金蘋果離開了；本想欺騙海克力士的阿特拉斯，反而被擺了一道。

不過，在其他傳說中，海克力士是用塗上九頭蛇毒液的箭射殺拉冬，搶走金蘋果。

希拉為了報答拉冬一直以來的辛勞，於是把拉冬提拔升上天，化身為天龍座。

1　海神澎濤士與地母神蓋亞之子，娶妹妹克托為妻，為蛇髮女妖三姊妹的父親。
2　在《神譜》中是黑夜女神妮克絲（Nyx）之女，赫斯珀里得斯的果園位於俄刻阿諾斯（大西洋）的彼岸。

拉冬

079

斯芬克斯

SPHINX

獅身法老頭，守護神廟墓地的聖獸

從希臘到東方，出現在各種神話中的怪物或聖獸，在希臘語中都叫做斯芬克斯。

最古老的「斯芬克斯」被認為是來自埃及神話。

雖然在各種神話中登場，但共同點是都有著獅子身體及非獅子的面貌（人類居多）。

最典型的是獅身法老頭的形象，不過這種形象的斯芬克斯沒有翅膀。

此外，還有女人頭搭配獅子身體、羊頭搭配獅子身體等造型，存在著各種動物頭搭配獅子身體的斯芬克斯。

從斯芬克斯上有法老的頭就能看出，**埃及的斯芬克斯屬於一種聖獸**。

基本上是作為神廟和墓地的守護者。

例如，吉薩大金字塔旁邊的斯芬克斯，就是用來守護作為國王墳墓的大金字塔。

另外，在卡納克的阿蒙大神廟和盧克索神廟之間約３公里長的參道兩側，都排列著公羊頭的斯芬克斯。

為了詛咒底比斯城而派來，不斷襲擊回答不出問題的人類

斯芬克斯也從埃及傳到了希臘。

古希臘的斯芬克斯有著獅子身體和女性的臉，胸部有乳房，背上長有鷲的翅膀。鮮為人知的是，斯芬克斯在希臘語中是女性名詞，所以斯芬克斯為女性。

關於牠的父母眾說紛紜，難以定論。

最有力的說法包括堤豐和艾奇德娜所生、堤豐和艾奇德娜之子雙頭犬與奇美拉所生等等。

也有一說認為牠是伊底帕斯（Oedipus）的父親萊瑤斯（Laius）之子。

底比斯國王萊瑤斯因為誘惑美少年克律西波斯（Chrysippus），結果激怒婚姻女神希拉，於是她派出斯芬克斯去詛咒底比斯城。

斯芬克斯坐在通往底比斯的入口，向行人問道：「早上四條腿，中午兩條腿，晚上三條腿的是什麼生物？」

答不出來卻執意要通過的人，就會被活生生吃掉作為懲罰。

然而，伊底帕斯卻說出了正確答案，他回答：「那是人類。嬰兒時用爬的，長大後站起來走路，年老時拄著拐杖行走。」聽聞此言的斯芬克斯惱羞成怒，於是跳海自盡。

美索不達米亞也有斯芬克斯，那是有著獅子身體、女性面孔、鷲的翅膀的怪物，被視為是守護死者的存在。

斯芬克斯

195

080

加姆

GARMR

被稱為北歐神話「克爾柏洛斯」的地獄看門狗

「加姆」是**北歐神話中的地獄看門狗，相當於希臘神話的克爾柏洛斯。**
《埃達》中有一篇《格里姆尼爾之歌》寫道：

> **加姆是所有狗之中最優秀的。**

但是，加姆並不完全和狗一樣，據說牠有4隻眼睛。
克爾柏洛斯原本是希臘神話中冥界之神黑帝斯宮殿的看門狗；同樣地，
加姆也是北歐神話中死亡女神赫爾（Hel）的宮殿埃琉德尼爾（Eljudnir）的
看門狗。

然而，就像克爾柏洛斯後來成為塔爾塔羅斯的看門狗一樣，加姆也成為通往死者王國赫爾海姆（Helheim）的通道，格尼巴（Gnipahellir）洞窟的看門狗。

於諸神黃昏挑戰戰神提爾的強敵

不過，克爾柏洛斯與加姆有著完全不同的一面。

那就是，**克爾柏洛斯終究只是眾神的僕人，而加姆本來就是眾神的仇敵，只是被鎖鏈束縛而成為看門狗罷了**。

《女巫的預言》中寫到：

加姆在格尼巴前面狂吠不止。鎖鏈被扯斷，衝了出去。

換言之，雖然現在加姆被鎖鏈綁在格尼巴的洞窟當中，但到了諸神黃昏（北歐神話中的世界末日戰爭），就會扯斷鎖鏈重獲自由。

加姆的吠叫聲，也可以說是宣告諸神黃昏開始的警笛。

預言提到，在諸神黃昏之戰中，重獲自由的加姆與戰神提爾（Tyr）交手，最終同歸於盡。

這表示，**加姆是足以與眾神匹敵的強敵**。

加
姆

081

斯庫拉

SCYLLA

反遭魔女喀耳刻怨恨，下半身變成六頭犬的妖精

　　希臘神話中登場的女性怪物。

　　雖說是怪物，但「斯庫拉」並非一開始就是怪物，據說她原本是寧芙（精靈）。

　　順帶一提，墨伽拉國王之女斯庫拉是同名的另一個人。

　　斯庫拉還是寧芙的時候長得非常美麗，有許多男性向她求婚，但本人對婚事完全不感興趣。

　　海神格勞科斯（Glaucus）就是其中一名求婚者，祂向斯庫拉表達強烈的愛意，但斯庫拉仍不為所動。

　　格勞科斯依然不死心，於是求助女巫喀耳刻（Circe），詢問她是否能使用

魔法的力量改變斯庫拉的心意。

然而，喀耳刻自己卻對格勞科斯一見鍾情。她向格勞科斯提議，與其選擇逃避自己的對象，不如選擇喜歡自己的人，也就是選擇她的意思。

不過，這番話並無法改變格勞科斯的心意。

喀耳刻雖然氣憤不已，但也不能因此傷害格勞科斯，於是決定對情敵斯庫拉展開報復，將毒藥倒入斯庫拉沐浴的海灣裡。

一無所知的斯庫拉準備沐浴，讓腰部以下浸入水中。

這時，水裡出現了一群兇猛的狗。

無論逃到哪裡，那群狗都不肯離開斯庫拉；等到回過神來，斯庫拉美麗的腰和腳已經不見。

不久，斯庫拉變成上半身是美女，下半身卻是擁有6顆狗頭和12條狗腿的怪物。

在那之後，沒有人知道斯庫拉的心裡是否也跟著變成了怪物，還是仍是原本的她，但說不定變成怪物對她來說反而是一種救贖。

從怪物變成石頭，斯庫拉依然令人畏懼

變成怪物的斯庫拉在美西納海峽落腳。

這使得美西納海峽變成非常危險的海域，因為一邊有漩渦怪物卡律布狄斯[1]（Charybdis），另一邊有斯庫拉盤踞。

奧德修斯在航經這個海峽的時候，選擇從斯庫拉這一側航行。

這是因為如果選擇通過卡律布狄斯那一邊的話，巨大的漩渦會將整艘船吞沒；但如果是從斯庫拉這一邊通過，只有6個船員會分別被6個狗頭捕食，整艘船還是能平安通過。

到了後來的時代，斯庫拉雖然變成了石頭，但據說船員們看到她的樣子仍會感到恐懼。

不過對於斯庫拉本人來說，與其像個怪物一樣活下去，或許死去變成石頭才算是一種解脫。

斯庫拉

---

1 讓船隻沉沒的漩渦怪物。

082

厄律曼托斯山的野豬

ERYMANTHIAN BOAR

海克力士奉命活捉的食人大野豬

希臘神話中登場的野豬怪物，厄律曼托斯是希臘一座山的名字。

沒人知道野豬本身叫做什麼名字，但因為常在那附近出沒，人們稱牠為「厄律曼托斯山的野豬」。

海克力士奉命活捉這隻吃人的大野豬，這是他12項艱困任務中的第4項任務。

幾乎沒什麼表現就被海克力士活捉

當時，野豬棲息在厄律曼托斯山上，對普索菲斯（Psophis）這座城鎮帶來危害。

海克力士在奉命前往那座城鎮討伐野豬的路上，遇到了半人馬波洛斯（Pholus），他設宴歡迎海克力士的到來。宴會上，想喝酒的海克力士不顧波洛斯的勸阻，把半人馬的酒甕拿來喝。

結果，一群聞到美酒芬芳氣味的半人馬都被吸引了過來。

但是，喝醉的海克力士卻向闖進宴會的半人馬扔出篝火燃燒的木頭，將牠們趕了出去。

後來，海克力士更趁著醉意，舉起弓箭追殺半人馬。

半人馬們跑到海克力士的老師、也就是半人馬賢者凱隆所居住的馬里阿角[1]求救，仍被逼入絕境。

接著，海克力士搭弓射箭。

這支箭射中其中一隻半人馬，甚至射穿牠的手臂，傷及凱隆的膝蓋。

凱隆被塗在箭上的九頭蛇毒液折磨得痛苦不堪，然而他卻是不死之身。

只要活著，凱隆就得不斷地承受這種痛苦。

後來，凱隆將不死之力讓給普羅米修斯，才終於得以解脫，而其餘的半人馬則四處逃竄。

波洛斯心想小小一支毒箭竟能殺死體型龐大的半人馬，好奇地拿起毒箭查看，卻不慎從手上掉了下來，刺中自己的腳，當場一命嗚呼。

海克力士酒醒後，對波洛斯的死悲痛不已，於是帶著忿恨的心情前去抓捕野豬。他在樹林裡聲嘶力竭地追趕，用陷阱逮住逃到雪原後筋疲力盡的野豬。

野豬就在幾乎沒什麼表現的情況下被海克力士捉住了。

---

1 希臘伯羅奔尼撒半島上的海角。

083

阿米特

AMMIT

三種食人動物合體，吞噬死者靈魂的幻獸

「阿米特」是埃及神話中吞噬死者靈魂的幻獸，或者說是女神。

牠有好幾個發音相似的名字，例如Ammut、Ammit、Ahemait等，**這個名字有「貪婪吞噬死者」的意思**。

阿米特的頭是鱷魚，鬃毛到前腳及身體的前半部是獅子，身體的後半部、後腳和尾巴等部分是河馬。

這三種動物是古埃及的三大食人動物[1]。

在最後的審判中，如果天平傾向有罪的一方，就會被阿米特吃掉

古埃及有一種祈求死者在死後世界得到幸福而放入墳墓的文書，稱為《死者之書》。

這是以圖畫和文字呈現死者的靈魂離開肉體，接受死者的審判，進入天國雅盧[2]（Aaru）的一系列過程，就像是為死去之人所準備前往天國的導覽手冊。

阿米特會在這本書中登場。

阿米特住在冥界杜阿特[3]（Duat）。死者來到冥界時，必須接受審判，這時冥界之神阿努比斯[4]會將死者的心臟放在天平的一邊。

真理女神瑪亞特[5]（Maat）將真實羽毛放在天平的另一邊。天平的傾斜由阿努比斯自行認定。

如果心臟和真實羽毛保持平衡，死者就能前往樂園雅盧。

但是，如果死者因為犯下許多罪行而使心臟變得沉重，天平就會因為不平衡而傾斜。

那樣的話，**死者的心臟和靈魂就會被阿米特吞噬，從此再也不能復活**。

換言之，埃及人為了復活而將屍體製成木乃伊，但即使將肉體完全保存下來，也可能因為靈魂被阿米特吞噬而無法復活。

1　鱷魚和獅子倒還可以理解，但把河馬說成是食人動物，可能會讓很多人覺得怪怪的吧。確實河馬一直被認為是草食動物，基本上也是草食的沒錯，不過在最近的研究發現，其實河馬也會吃其他動物，因此可以想像古埃及人有過被河馬襲擊並吃掉的經歷。

2　古埃及的死後樂園，位於遙遠的東方，由慘遭殺害的歐西里斯神所支配。

3　埃及神話中的冥界，位於地下，是歐西里斯的領域。若想抵達雅盧，就必須經過這裡。

4　埃及神話中的冥界之神，有著狗頭或胡狼頭的男性，父母是歐西里斯及其妹妹奈芙蒂斯。

5　太陽神拉的女兒，真實女神。形象為頭上插著鴕鳥羽毛的女性，這個鴕鳥羽毛就是阿努比斯放在天平上的真實羽毛。

084 胡姆巴巴

HUMBABA

有兩張臉的異形巨人

出現在美索不達米亞神話中的異形巨人。

「Humbaba」是阿卡德語的發音，蘇馬語叫做「Huwawa」。

在《吉爾伽美什史詩》中，根據主角吉爾伽美什（Gilgamesh）的好友恩奇都（Enkidu）的說法，胡姆巴巴是一種嘴是龍、臉是愁眉苦臉的獅子、胸膛像洶湧洪水的異形。

胡姆巴巴有兩個不同的特徵。

首先，胡姆巴巴是杉樹林的守護者。

然而，美索不達米亞並沒有杉樹林，因此推測是從現在的黎巴嫩延伸至敘利亞一帶的阿馬努斯山脈的黎巴嫩杉樹林。

也就是說，**胡姆巴巴是黎巴嫩杉樹林的守護者**。

事實上，當地的確有女神庫巴巴（Kubaba）或胡姆班（Humban）這類名字相似的神。

此外，吉爾伽美什的好友恩奇都對於胡姆巴巴還有如下描述：

胡姆巴巴的叫聲是洪水。
牠的嘴巴是火。
牠的氣息是死亡。

從這段文字來看，**也有人認為胡姆巴巴有可能是火山的擬人化**。

受到吉爾伽美什的謊言矇騙，輕易地被消滅

吉爾伽美什與胡姆巴巴的對決，起因於吉爾伽美什為了追逐名利而想要取得杉樹。

胡姆巴巴守護著杉樹，牠對想要砍伐杉樹的吉爾伽美什吼叫一聲。

這個叫聲是一種名為「七道驚愕光芒」的靈氣，能夠使人陷入沉睡。

吉爾伽美什雖然睡著，但和他一起戰鬥的好友恩奇都只睡一會就醒了，他連忙把吉爾伽美什搖醒。

後來，吉爾伽美什把姊姊恩梅巴拉格西（Enmebaragesi）和妹妹瑪圖爾（Matur）獻給胡姆巴巴作為妻子，騙牠洩露七道光芒的祕密；古爾伽美什成功得到七道光芒之後，便打倒並抓住了胡姆巴巴。

吉爾伽美什本想放過胡姆巴巴一馬，卻被恩奇都阻止，於是他把胡姆巴巴的喉嚨割斷，再將牠的腦袋裝進皮袋裡。

胡
姆
巴
巴

085
開明獸
KAIMÍNGSHÒU

體型比老虎還大，守護帝都的九頭神獸

　　「開明獸」是中國古代傳說中出現的聰明怪物，有時也被視為神獸。《山海經》是中國最古老的奇幻地理書，其中的《海內西經》就有開明獸的相關記載。

　　其外觀像老虎，但體型更大。擁有9個長著人臉的頭，只有1個頭特別大，其餘8個頭比較小。

　　崑崙是天帝在地上的都城，進入這裡前必須通過九道門。

　　開明獸就是這些門的守護者，牠站在崑崙的都城，面朝東方。

　　不過，大概是因為光靠開明獸仍不足以守護門，所以四面八方還有各種不同的怪物。

崑崙的西邊有鳳凰和鸞鳥，牠們的頭上戴蛇，腳下踩蛇，胸前抱著紅蛇，以此守護崑崙。

崑崙的北邊有視肉。

此外，還有不死之樹等各種樹木。這裡也有鳳凰和鸞鳥，但牠們頭上是戴著盾牌。

崑崙的東邊有巫彭、巫抵、巫陽、巫履、巫凡、巫相這六位巫醫，他們圍著窫窳（248頁）的屍體，防止死氣蔓延。

崑崙的南邊有樹木和鳥類，其中有6個頭的樹木尤為罕見，這6個頭分別是蛟、蝮、蛇、蜼、豹、鳥秩[1]之樹。

幫助蜀國立國的開明獸

蜀國[2]的傳說中，有人說是開明獸幫助蜀國立國，所以皇帝家族便自稱開明氏；古蜀也被稱為開明朝。

《山海經》中的《西山經》有一段對「陸吾」這隻神獸的描述。

崑崙山是天帝在下界的都城，守護這裡的是神獸陸吾。

據說其外觀如虎，有9條尾巴，擁有人類的臉、老虎的爪子，掌管天之九部[3]及帝之囿時[4]。

開明獸和陸吾的外觀十分相似，職責也一樣，因此被認為是同一個生物的別名。

開明獸

---

1 不清楚是怎樣的生物。
2 不是三國時代的劉備所建立的蜀國，而是公元前4世紀左右存在於相同地點的國家，又稱為古蜀。
3 在《淮南子》中，天分為中央、東西南北、東北、東南、西北、西南9個部分。
4 指春夏秋冬。

086
麒麟
QÍLÍN

擁有1、2千年的壽命，所有獸類都服從的「萬獸之王」

麒麟是中國神話中出現的傳說獸類，也稱為神獸或靈獸，被視為萬獸之王，經常與百鳥之王鳳凰並稱。

根據西漢的博物記《淮南子》[1]記載，毛犢生應龍[2]，應龍生建馬，建馬生麒麟，麒麟生各種獸類。

因此，所有獸類都服從於麒麟。因為是神聖的獸類，據說壽命高達1、2千歲。

麒麟是高達5公尺的巨獸，有龍的臉、鹿的身體、馬的腳、牛的尾巴，全身都被鱗片包覆。

麒麟的頭上有一隻角。原本只有一隻角，但後來多半都將麒麟描繪成兩

隻角，偶爾也會將麒麟描繪成三隻角。

背上的毛有五種顏色[3]，名稱根據顏色的不同而異。

藍色叫聳狐，紅色叫炎駒，白色叫索冥，黑色叫角端，黃色叫麒麟。

相傳角端能日行萬里，會說各國語言，對死後的世界非常熟悉。

也有人說雄性的麒麟是麒，雌性是麟，這時雄性的麒沒有角。

雖是珍惜生命的溫和聖獸，但一旦惹怒了牠，就會變得非常可怕

麒麟是非常溫和、珍惜生命的聖獸。

就連走路的時候，也會小心翼翼地避免踩到腳下的蟲蟻或花草，不過麒麟擁有非常高的戰鬥力。

牠可以從口中噴火，發出如雷的叫聲驅魔降妖。

另外，麒麟現身被認為是非常吉利的徵兆。

這類被視為吉兆的生物稱為瑞獸，其中又以麒麟、鳳凰、靈龜、應龍最為特別，合稱四靈。

優秀的人物稱為麒麟兒，也是這個人物登場為吉兆的一種表現。

反之，如果發現麒麟的屍體，或者傷害麒麟，就被視為大凶的徵兆。

順帶一提，長頸鹿是明朝鄭和的艦隊從非洲帶到中國的。

當時是以麒麟這個中國名字來命名，這個名字傳到日本，使得日本開始用麒麟來稱呼牠。

但是，現在中國卻稱之為長頸鹿，而不是麒麟。

麒
麟

---

1 西漢的淮南王劉安命食客們編纂的博物記。從前有內篇和外篇，如今僅存內篇。
2 直屬黃帝的龍，擁有4隻腳和翅膀。
3 在中國，藍色代表東方，紅色代表南方，白色代表西方，黑色代表北方，黃色代表中央。麒麟位於中央，所以是最了不起的。

087

四凶

SIXIONG

流放到中國四方的惡神們

「四凶」並非怪物的名字。

在中國古代，被流放到中國四方的四尊惡神，合稱為四凶。

《春秋》相傳是孔子編纂的史書。

在《春秋》的代表性註釋書《春秋左氏傳》中，記載了文公18年（公元前609年）出現的四凶。

首先介紹「混沌」。

相傳混沌是棲息在崑崙以西的長毛狗，四肢沒有爪子；雖有眼睛和耳朵，但看不見也聽不見，只會經常追著自己的尾巴打轉。

牠討厭善人，奉承惡人，被認為是心術不正的生物。

不過，《莊子》卻記載著牠是沒有眼、耳、口、鼻等七竅的中央帝王。南海的帝儵和北海的帝忽為了報答混沌的恩德，於是每天為牠鑿一竅，7天後雖然鑿出七竅，混沌卻死了。

這就是著名的「七竅出而混沌死」或「混沌得五官七竅」的故事，意思是強找藉口（而因此失敗）。

下一個介紹「檮杌」。牠是長著人頭的老虎，為全身有2尺（約60公分）長毛的種族。體型比老虎大，長著像野豬一樣的獠牙，還有1丈8尺（約5.4公尺）長的尾巴。

由於自大、固執，沒有上進心，因此得到「難訓（難以教導）」的別名。

但也因為這樣，即使檮杌打不贏對手，也絕不會逃跑，寧願戰鬥到死。

第三個是「窮奇」。在《山海經》的《海內北經》中，窮奇是一種長著翅膀的食人虎。

但在《西山經》中卻是一種毛如刺蝟尖銳的食人牛。在《神異經》中，窮奇是會說人話的有翼虎，如果有人爭執不下，就會吃掉有理的那一方。

也有一說認為，牠是吃掉災厄的善獸。

最後介紹「饕餮」。

神話中的怪物，人頭羊身，虎牙人爪，頭上長著像羊一樣的角，是貪財好食的怪物。

不過因為什麼都吃，所以有時也被當成吃掉魔物的驅魔神獸。

《書經》中雖有四凶的記載，卻稱之為「共工」、「驩兜」、「鯀」、「三苗」，名字完全不同。

相傳共工是人面蛇身的水神，會引發洪水；驩兜是三皇五帝之一堯的兒子，也就是圓朱；鯀是夏朝的創立者禹的父親；三苗對堯發動了叛亂。

與其說是怪物，不如說是罪人或惡神，也被稱為四罪。

曾經有人居住的遺跡內，
到處都是怪物盤踞

那是在發現大型遺跡時所發生的事。

遺址的面積是家鄉城鎮的好幾倍，其中也有巨大的建築物。

怪物就住在那裡。

在大街上遊蕩的怪物。

坐在建築物裡面的怪物。

有些是資料館介紹過的怪物，有些則不然。

不知為何，怪物並沒有攻擊我們。

到遺跡試過好幾次，發現只要不主動發動攻擊，牠們基本上不會襲擊我們。

遺跡的保存狀態相當不錯。

不過有部分地方可見火災的痕跡，或者到處崩塌、損毀、長滿雜草。

怪物們雖會住在遺跡裡，但大概不懂得如何修復吧。

最大的建築物是教堂。

看了一眼旁邊的墓地，感覺不太對勁。

本來應該被雜草覆蓋的地面，卻像不久前才被挖開一樣，露出了泥土。

我把在資料館學到的知識全翻出來仔細思考。

根據我的推測，這個墓地裡埋的不是死者，而是不死族。

那些不死族大概會定期從土的下面鑽出來。

就在準備進入教堂的時候，設置在教堂各處的石像鬼突然甦醒，並對我們發動攻擊。

就像是信號一樣，遺跡中的怪物一齊朝著我們衝了過來。

我們當下立刻逃出遺跡的城鎮外面。

幸好怪物沒有跟著追到外面。城鎮外面居然比裡面安全，想來真是諷刺。

儘管無法確認，但那座教堂的裡面，該不會有不死族的頭目吸血鬼在指揮吧？

下次做好相應的準備後，再去探索遺跡吧。

不僅要消滅遺跡內的所有怪物、吸血鬼的手下，還要打倒牠們的吸血鬼主人。

對增加怪物種類發揮一定作用的「四大說」和「五行說」是什麼？

在西方風格的奇幻作品中，有一種觀點認為世上萬物都能分為火、水、風（空氣）、土四種類型。

這就是所謂的四大說。古希臘的恩培多克勒（Empedocles）提出所有物質都是由這四種元素組合而成的理論，得到柏拉圖和亞里斯多德的支持，後來膾炙人口。

柏拉圖更將四元素與多面體互相對應，火＝正四面體、土＝正六面體、空氣＝正八面體、水＝正二十面體。

此外，亞里斯多德還將四元素與「冷與熱」、「乾與濕」的性質對應起來，火＝熱與乾、空氣＝熱與濕、土＝冷與乾、水＝冷與濕。

相對於西方的四大說，東方有五行說。五行說認為萬物是由金、木、水、火、土五種元素所組成。

五行說有所謂的「相生」及「相剋」兩種面向。相生是指火生土、土生金、金生水、水生木、木生火，也就是特定的性質會產生另一種性質。

與此相對，相剋是指火熔金、金伐木、木瘦土、土阻水、水滅火，也就是特定的性質會勝過另一種性質。

這些特色被運用到東方風格的奇幻作品當中，特定的性質支援另一種性質（例如火生土），特定的性質剋制另一種性質（例如水勝火），據此產生強弱之分，使故事變得有趣起來。

這些性質被應用到各種創作中，使怪物擁有不同的屬性。

在西方的奇幻作品中，龍會分為四大系統（火龍、水龍、風龍、地龍等）；如果是東方風格的奇幻作品，則會分為五大系統（火龍、水龍、木龍、金龍、土龍等）；由此可見，四大說和五行說在增加怪物的變化上發揮了一定的作用。

第6章

終極頭目級怪物

「或許人類才是真正的
終極頭目」

哎呀，我還擔心你們再也不會回來了呢，畢竟已經很久都沒聽到你們的消息了。

現在你們可是打倒吸血鬼的英雄，還是帶回財寶的大富翁。

多虧你們，這個資料館的資料也變得愈來愈豐富了。

你們也差不多該在這個城鎮安頓下來了吧？

什麼？還沒有冒險完？你們真不愧是天生的冒險家，不對，是英雄。

其實你們愈活躍，嫉妒和懷疑你們的人就愈多。。

城鎮裡的一些大人物，甚至有人開始疑神疑鬼，生怕你們威脅到他們的地位。

唉，最可怕的不是怪物，而是活著的人，這句話真是說得一點也沒錯。

對了！既然你們已經把吸血鬼遺跡裡的怪物都消滅了，要不要在那裡建立你們的城鎮呢？到時候我也搬過去吧。

資料館怎麼辦？寫在資料上的東西，我都記在腦子裡了，何況現在的你

們比我還要瞭解怪物。

資料館不管到哪裡都能夠繼續營運。

……這樣啊，你們想找出終極頭目嗎？

我不會阻止你們，只是問題就在於終極頭目身上。

據說只要打倒那隻怪物，世上的所有怪物就會從這個世界上消失，可說是最強最後的怪物。

換言之，就是站在所有怪物頂點的頭目，亦即所謂的魔王。

……我認為牠的存在或許只是人類的夢想，或者說願望。

這個資料館裡也有終極頭目的情報。

但很多都只是傳說罷了。

其中有哪一個是真正的情報？還是全部打敗就能實現夢想？

又或者情報仍不夠充足？

我不希望將你們這些一直與怪物對抗的人，送到如此模稜兩可的夢想那一頭。

但如果你們還是想知道的話，我會盡量將所有情報都告訴你們。

艾奇德娜、龍、惡魔，這些怪物確實存在。

九頭蛇、溫迪哥、利維坦，這些可能是看錯了什麼東西。

……情報還有很多，我會把知道的所有情報都透露給你們，你們就盡情地冒險到心滿意足為止吧。

但希望你們可以偶爾回來這裡看看，讓我把你們遇到的怪物通通記錄下來，這就是我的願望。

088
艾奇德娜
ECHIDNA

> 克爾柏洛斯、雙頭犬、九頭蛇……牠們全是艾奇德娜的孩子！

在希臘神話中，艾奇德娜是眾所皆知的怪物之母，其上半身是目光炯炯的美麗女妖，下半身是有斑點的巨蛇。

波塞頓		美杜莎		俄刻阿諾斯
	克律薩俄耳			卡利洛厄
	堤豐		艾奇德娜	
克爾柏洛斯		雙頭犬	九頭蛇	
			奇美拉	

　　雖然這個形象是共通的，但每個文獻對於她的出身和事跡都有著不同的描述。

　　左頁下方的系統圖，是公元前700年的希臘詩人海希奧德，於《神譜》中提出的艾奇德娜家譜。

　　美杜莎被英雄珀爾修斯砍下頭顱的時候，從血液中誕生出神馬天馬和克律薩俄耳。因為美杜莎是海神波賽頓的情人，據說這兩種怪物也是波賽頓之子。

　　克律薩俄耳又與海神俄刻阿諾斯的女兒卡利洛厄（Callirrhoe）同床共枕。兩人之間生下非神非人、不死之身的艾奇德娜。

　　她後來成為堤豐的妻子和許多怪物的母親。克爾柏洛斯、雙頭犬、九頭蛇這些希臘神話中著名的怪物，都是艾奇德娜的孩子。堤豐被殺死後，艾奇德娜又與兒子雙頭犬生下尼米亞獅子。

　　然而，據說偽阿波羅多洛斯於公元1～2世紀時編纂的《書庫（Bibliotheca）》，裡面的家譜卻有很大的出入。

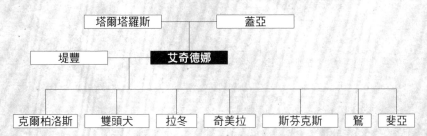

　　首先，艾奇德娜的父母是塔爾塔羅斯和蓋亞。

　　而且，艾奇德娜的孩子們也不一樣。奇美拉變成艾奇德娜的親生兒子，而會出謎語的怪物斯芬克斯、擁有100個頭的拉冬、啄食普羅米修斯肝臟的鷲，以及被忒修斯殺死的母豬斐亞（Phaia），全是艾奇德娜的孩子。

　　其中最大的不同之處在於，艾奇德娜並非不死之身。

　　據說她潛伏在洞窟中，以人類為食，最後被擁有100隻眼睛的巨人阿爾戈斯擊殺。

　　不管怎樣，艾奇德娜是眾多怪物的母親這一點是不會改變的。如果把各種希臘神話中被視為艾奇德娜孩子的怪物放在一起觀察，就會發現**海克力士的12項艱困任務中，有一半的怪物都是艾奇德娜的後代**，從這裡就能看出艾奇德娜是多麼有名的怪物之母了。

089

龍

DRAGON

為什麼西方的龍是「惡」，而東方的龍是「善」？

傳說怪物的代表非「龍」莫屬。

不僅包含日本在內的東方，「龍」在世界各地都堪稱是怪物的代表。

那麼，龍到底是什麼樣的怪物呢？

最常見的形象應該是有4隻腳、像蜥蜴一樣的鱗片、可以用翅膀在空中飛翔的巨大怪物。

但如果調查過龍的傳說，就會發現西方和東方的龍的形象完全不同。

西方的龍與前面描述的形象完全一致，而東方的龍有著像蛇一樣長長的身體，有角和鬍鬚，沒有翅膀卻能在空中飛翔。

不過，**西方的龍和東方的龍最大的區別在於善惡，西方的龍被視為邪惡**

生物，而東方的龍被視為神或聖獸。

相傳龍原本是大河的象徵，大河雖能帶來豐碩的收獲，但同時又會帶來可怕的水災。

古代的人們對大河既感激又恐懼，因此龍既是善也是惡的存在。

原本是模仿大河的形象，形狀像一條又長又細的蛇；從這個意義上來看，東方的龍相對保留著古老的形象。

話說回來，這個差異是怎麼產生的呢？

〈西方的龍〉不是龍，而是巨蛇!?

其實「Dragon」一詞是源自希臘語的 Dracon。

Dracon 是表示蛇等水棲爬行動物的詞彙。

由於希臘沒有鱷魚等水棲爬行動物，因此 Dracon 就是「蛇」的意思，不過對岸的埃及有這類動物，所以鱷魚也算在 Dracon 當中。

由此衍生出，爬蟲類型的怪物也被稱為 Dracon。

若從希臘神話的角度來看，九頭蛇和拉冬都是 Dracon。

可是，九頭蛇和拉冬都是有好幾個頭的蛇，既沒有翅膀，也沒有腳。

另外，九頭蛇和拉冬雖然都是可怕的怪物，但並非邪惡生物。

〈印度的龍〉勒死大象並喝其血，有時也會與大象同歸於盡

公元1世紀，在與基督教無緣的羅馬。

龍在當時是火的象徵，因為這種怪物擁有瞬間就能把房屋和人們燒毀殆盡的火力。

之所以出現龍擁有財寶的傳說，據說是教導人們只要運用得當，就能獲得鍛造、料理等美好的寶藏。

那個時代的大博物學家老普林尼，在其著作《博物志》中留下龍的生態相關記載。

根據書中的描述，龍是火的怪物。相傳龍會從口中噴火，流淌的血液也是火焰，為了避免被自己身上的熱度燙死，龍需要飲用大量的水。

另外，**印度的龍不是喝水，而是喝大象的血液來降低體溫；牠會纏住大象將其勒死，再喝下大象的血。**

但是，據說大象死亡的時候會往龍的身上倒下，利用自身的重量把龍壓死，導致雙方同歸於盡。

從這一點看來，龍是一種大到足以纏住大象將其勒斃的巨蛇，卻又小到會被大象壓死。

〈基督教的龍〉善＝神、惡＝龍的印象確立

在出現基督教之前，龍雖然是可怕的怪物，卻非邪惡的存在。

然而，在基督教《新約聖經》的《啟示錄》中，惡魔是以龍的形象現身，成為龍形象崩壞的開端。

後來隨著基督教的傳播，龍＝惡魔的形象廣泛流傳，使得龍逐漸染上邪惡的色彩。

對於一神教來說，只有唯一的「神」是擁有絕對力量的良善存在。

正因為如此，對人類而言，絕對強大的龍必須是邪惡的存在，西方的龍身上的翅膀或許就來自於惡魔的翅膀。

在中世紀的時候，消滅或馴服龍被認為是基督教聖人的奇蹟之一，《黃金傳說》中就有好幾個像這樣的故事。

龍相當於惡魔，因此難以對抗神的力量。

聖女赫德嘉（Hildegard of Bingen）的著作中寫到，龍是具有極高熱度的乾性生物，因此牠呼出的氣息會立刻燃燒起來。因為是基督教徒所描述的龍，所以當然憎恨人類，還會使用邪惡的魔法。

到了這個時期，龍的形象就已經變成現在我們所熟悉的四隻腳長有翅膀的模樣。

〈聖西爾維斯特之龍〉與撒旦相提並論而遭到消滅

第33任羅馬教宗聖西爾維斯特，是公元四世紀真實存在的人物。

他奇蹟似地治癒了羅馬皇帝君士坦丁大帝的疾病，使羅馬皇帝成為基督教徒，從此聞名於世。

想不到這位教宗居然有個封印龍的傳說。

那是在他為皇帝施洗後不久發生的事。偽神（註：應該是指羅馬的眾神）的兩個祭司上奏皇帝：

「啟稟至聖之主皇帝陛下，自陛下成為基督教徒以來，洞窟裡的龍每日皆以毒氣殺死三百餘人。」

聽到這個消息，皇帝詢問聖西爾維斯特的意見。

聖西爾維斯特回答：

「那就藉由基督的力量，讓龍變得無害吧。」

上奏的兩名祭司也答應，只要能做到這件事，他們也會皈依基督教。當然，他們的心裡認為西爾維斯特根本不可能做到，所以打算拿這件事情來嘲諷他。

在前往消滅龍之前，西爾維斯特向上帝祈禱，結果本應在三百年前殉教的聖彼得竟現身告訴他：

「別害怕，帶著你的兩名祭司，前往龍所棲息的洞窟吧，到了龍那裡，就對牠說：『由童貞少女所生，被釘在十字架上，經過埋葬和復活，最後坐在上帝右邊的主耶穌基督，將來總有一天會降臨審判生者與死者。身為撒旦的你，就在這個洞窟中等待審判的那天到來吧。』隨後用繩子把龍的嘴巴綁起來，並以刻有聖十字架的印章將牠封印。完成這些事之後，你來我這裡享用我準備的麵包。」

根據聖彼得所述，**那條龍的真面目原來是撒旦。**

順帶一提，聖彼得之所以出現在這裡，是因為他是第一任羅馬教宗；這對第33任教宗繼承者西爾維斯特來說，聖彼得或許是最值得尊敬的使徒。

西爾維斯特按照聖彼得的指示，走下150級階梯與龍見面；接著，他把聖彼得所說的話一字不漏地說給龍聽。

龍氣得咬牙切齒，並對西爾維斯特噴出毒氣，但西爾維斯特卻安然無恙；他拿出繩子，將龍的嘴巴綁了起來。

被封住毒氣的龍，再也無法朝四周散播毒氣，從此被十字架印章封印在洞窟裡。

西爾維斯特從洞窟裡出來一看，兩名異教祭司都被毒氣薰得昏了過去，於是他將兩人從洞窟裡抬了出來。

從此以後，羅馬人和兩位祭司都開始相信基督的教義。

聖彼得所說的「帶著你的兩名祭司」，據說是預言異教的兩名祭司會成為基督教信徒，並成為西爾維斯特的祭司。

〈東方多神教的龍〉給人類帶來恩惠，也會因憤怒而消滅人類

在東方，龍是與神相同地位的存在。因為多神教的文化原封不動地保留下來，所以即使有多個神性的存在也完全沒有問題。

多神教的神不完全是良善的存在，通常祂們會給信徒帶來恩惠，但有時也會因憤怒而消滅人類；換言之，**與帶來恩惠及破壞的神的地位相同**。

而且龍依然維持古老的形象，或許是因為文化從古至今沒有太大變化的緣故。

〈中國的龍〉每500年變化一次，1500年後成年

龍在中國被奉為聖獸。**龍既不野蠻也不暴戾，而是具有智慧、比人類更加理性的生物**。

中國的龍也是大河的象徵；這一點跟西方的龍一樣。龍神通廣大，能夠召喚雲、雨、風、雷等。

中國的龍有等級之分。

在泥水中長大的蝮，經過500年變成蛟（又叫雨龍或蛟龍）。蛟看起來像蛇，卻有4隻腳，頭上的角還沒長出來。

經過1千年，蛟即變成龍，這時才會被視為成年的龍。

再過500年就變成角龍。顧名思義，這時龍角會變得很雄偉，但其中的差異不得而知。

角龍過了1千年就變成應龍，這個應龍就是我們常在繪畫中看到的龍，其前腳（手）握著龍珠。

年老的應龍則會變成黃龍。

陰陽五行說所謂的東青龍、南朱雀、北玄武、西白虎、中黃龍，就是指這個黃龍。

《山海經》的《大荒東經》中寫道，乾旱之時若模仿應龍的形態，便能降下大雨；也就是說，要製作應龍的雕像來膜拜，因為龍也是水神。

說句題外話，出人頭地的關卡稱為「登龍門」，是源自鯉魚逆著名為龍門的急流而上就會變成龍的中國故事，這與鯉魚跳上瀑布就能變成龍的日本傳說極為相似。

另外，龍也被視為皇帝的象徵。皇帝的臉稱為龍顏，皇帝的衣服上飾有五爪龍，除了皇帝以外，任何人都不得使用五爪。

順帶一提，貴族和高級官吏使用四爪，下級官吏和平民使用三爪；中國皇帝封外國國王為王時所贈送的禮物上，也只能使用四爪。

西方的龍和東方的龍的分界線，位於印度和伊朗之間

西方的龍和東方的龍，可以說是截然相反的存在，那麼兩者之間的分界線在哪裡呢？

雖然沒有確切的答案，但**一般認為可能是在印度和伊朗之間**。

這是因為，**印度和伊朗自古以來在宗教神祇方面就存在著對立關係**。

甚至到了印度神是伊朗惡魔之名、伊朗神是印度惡魔之名的程度。

伊朗有名為阿茲達哈卡（242頁）的蛇怪和名為蛇王查哈克（Zahhak）的可怕國王；換言之，蛇在伊朗被視為邪惡的怪物。

相反地，印度卻有名為那伽的蛇神或精靈，並且在釋迦開悟的時候擔任守護者。

另外，《法華經》中出現的八大龍王也被視為那伽之王，守護著佛教，不過確實也有名為弗栗多（244頁）的蛇怪。

在印度，蛇雖然也有怪物的一面，但更多的是成為神或其眷屬。

090

邪靈與魔鬼

DEMON DEVIL

惡魔分為邪靈和魔鬼兩大系統!?

在基督教中，神的敵人就是惡魔，但**實際知道惡魔分為「邪靈」和「魔鬼」兩大系統的人出乎意外地少**。

雖然兩者多半被翻譯為惡魔，但其實略有不同。

邪靈在《聖經》中有時被譯為惡靈，是與基督教不同系統的神靈。古代並沒有一神教的存在，也就是說，世界上存在著許多神祇。

但是，猶太人創立了一神教的猶太教，作為其中一派的基督教，當然也是一神教。

一神教的教義是只有一柱神，如果存在其他宗教的神，在教義上就會產生矛盾，因此一神教將其他宗教的神祇都視為惡靈，也就是假神。

　　這可以說是非常自私的觀點，因為這麼一來，敵對民族都變成信奉假神的愚昧邪惡之徒，無論對敵對民族做出多麼殘酷的行為，都可以說成是對他們的天誅，而不是惡行。從這個意義上來看，一神教是最適合加強己方凝聚力的宗教（只是敵人很多）。

**　　這些假神就是邪靈，也就是說，是存在於基督教之外的敵人。**

　　當然，現代由於宗教融合的關係，不能將其他宗教的神祇貶為惡神，但耶穌在世時，以色列宗教的眾神都被貶為邪靈之類的惡魔。

　　舉例來說，巴力（Baal）是勢力遠比耶和華更大的迦南地區（當時對以色列的稱呼）的豐收神，但在基督教中卻被視為惡魔的首領之一。

**　　相較之下，魔鬼是基督教內部的敵人，在基督教神話中是以上帝敵人的身分現身。**

邪靈	惡靈	與基督教和猶太教無關，因為是其他宗教的神而被貶為假神的惡魔。
魔鬼	墮天使	原本是天使，卻因背叛神、屈服於淫慾而墮落的惡魔。
	惡魔	一開始就以惡魔身分登場的惡魔。

　　魔鬼的代表，包括撒旦和路西法等。

　　尤其路西法原本是天使中地位最高、據說僅次於上帝的偉大天使，然而路西法卻背叛了上帝。

　　上帝按照自己的形象創造出第一個人類亞當，命令天使向亞當行禮；無法忍受這個命令的路西法，招募同伴反抗上帝，結果敗於上帝之手，最後被打入地獄。儘管如此，路西法仍沒有放棄反叛的意志，據說至今仍在伺機報復。

　　像路西法等人一樣，因為反叛上帝而慘遭墮落的天使，就是名為墮天使的魔鬼。

　　但後來也出現一開始就以魔鬼身分登場的惡魔，而非墮落的天使。

091
九頭蛇

HYDRA OF LERNA

比八岐大蛇還多，有九個頭的女巨蛇

　　希臘神話中有各式各樣的蛇怪物登場，其中最具代表性的當屬九頭蛇，有時音譯為海卓拉、海德拉[1]、許德拉、希德拉等。

　　九頭蛇是堤豐和艾奇德娜所生的第三個孩子，為擁有九個頭的女巨蛇，據說其中八個頭可以殺死，剩下的一個頭則是永恆不死。

　　牙齒含有毒液，被咬到一口就會致命。

消滅九頭蛇不算在海克力士的12項艱困任務之中

九頭蛇棲息在名為勒拿的沼澤裡，經常從沼澤裡出來襲擊並吃掉家畜或人類。

希臘神話中最偉大的英雄海克力士，受託前來消滅九頭蛇。

當時的海克力士為了贖罪，需接受10項艱困任務[2]，而消滅九頭蛇就是其中之一。

海克力士乘上侄子伊奧勞斯（Iolaus）所駕駛的戰車[3]，前往討伐九頭蛇。

九頭蛇棲息在阿密摩涅泉（Amymone），海克力士用火箭將牠趕出泉水，並在牠現身之際立即上前纏鬥。

當然，九頭蛇也不甘示弱，牠將海克力士的1隻腳緊緊纏繞。

此外，海克力士的腳下還有希拉派遣的巨蟹用鉗子夾住他的腳踝，因為海克力士是希拉的丈夫宙斯在外面偷情所生下的孩子。

儘管宙斯給孩子命名為海克力士（意為希拉的榮耀）以求獲得寬恕，但希拉的憤怒並沒有因此平息下來。

海克力士一腳將巨蟹踩扁，用棍棒將九頭蛇的頭一一擊碎，但擊碎一個頭，就有兩個頭重生；海克力士在無可奈何的情況下，只好請求伊奧勞斯的協助。

伊奧勞斯到附近的森林製作火把，立刻用火燒掉海克力士擊碎的頭，以此阻止下一個頭重生。

就這樣，八個頭都順利地砍了下來，唯有那顆不死的頭，無論怎麼攻擊或燒灼都沒有用。

這時，海克力士將這個不死的頭砍下埋在路旁，上面用大石頭壓住。九頭蛇的身體被大卸八塊，海克力士把箭浸在膽囊的膽汁裡製成毒箭。

海克力士就這樣擊敗了九頭蛇，但因為在討伐的過程中借助侄子伊奧勞斯的力量，所以不算在艱困任務之內。

不過，九頭蛇的毒箭後來幫助海克力士完成其他的冒險。

海克力士最終也是死於九頭蛇的劇毒之下，被海克力士殺死的九頭蛇，可以說透過自身的劇毒報了一箭之仇。

1 海德拉是英語的音譯。
2 實際上被認定有兩項失敗，所以才記錄為海克力士的12項艱困任務。
3 戰車是指用馬拉行的輕型馬車，由馭者駕駛；士兵乘坐其上，以弓箭或長柄武器戰鬥。

092

溫迪哥

WENDIGO

附身在人類身上，使其化身為食人魔的可怕精靈

　　居住在北美到加拿大一帶的印第安人傳說中的精靈。

　　溫迪哥看起來像是乾枯的屍體。乾乾扁扁的皮膚呈灰色，看似毫無水分，就像骨頭上黏了一層皮；眼睛只有兩個洞，全身散發出令人不適的腐臭味。

　　其體型眾說紛紜，有人說見過高達十公尺的巨型「溫迪哥」，也有人說見過有如小矮人的溫迪哥，當然也有和人類差不多大小的溫迪哥。

　　溫迪哥總是處於飢餓狀態，會吃掉人類，如果看見落單的旅人，牠就會跟在後面；旅人感覺後面有人，回頭一看，卻沒有看見任何人，這樣持續好幾天，等到旅人精神崩潰而變得虛弱時，溫迪哥便撲上去將旅人吃掉。

溫迪哥的可怕之處不僅於此，牠還會**附身在人類身上**。

被溫迪哥附身的人類，體內會開始湧出冰冷刺骨的感覺，漸漸地變化成溫迪哥。

隨後，開始產生非常想吃人的念頭。有些人因為真的吃人而遭到處死，有些人則是寧願自殺也不願成為食人魔。

不過，現代將這樣的症狀稱為溫迪哥病，被認為是冬季缺乏維他命等原因所引起的一種精神疾病。

當時有一種方法可以拯救被溫迪哥附身的人，那就是讓他們吃熊的肝或脂肪來代替人肉。

從現在的醫學角度來看，病人可能是因為這樣改善了營養狀態，所以才能康復；事實上，在營養狀況得到改善的現代，已經不再有人會罹患溫迪哥病了。

還有把人類綁架到外太空的溫迪哥!?

溫迪哥還有另一種新的形態。

那就是克蘇魯神話中的溫迪哥。洛夫克拉夫特的得意門生奧古斯特・德雷斯[1]（August Derleth）於1933年撰寫的《伊塔庫亞》中，出現一位名為伊塔庫亞（Ithaqua）的大氣邪神，祂是風的舊日支配者哈斯塔（Hastur）的眷屬。

這個巨人有著與人類相似的輪廓，兩隻紅眼睛如熊熊燃燒的火焰一般。

這部作品是將伊塔庫亞（或是其化身、眷屬等）設定為美國印第安人所畏懼的溫迪哥。

伊塔庫亞將擄走的人類帶到外太空，這些人在回來時會因為墜落地面的衝擊而死亡。

即便僥倖存活下來，身體也因為適應宇宙的寒冷，無法承受溫暖的地面。不過，據說這些人在死亡之前會留下人類無法理解的神秘知識、文字或不可思議的物品等。

---

1 奧古斯特・德雷斯（1909~1971），美國恐怖作家。他十分熱愛洛夫克拉夫特所創造的克蘇魯神話體系，甚至創立一家專門出版洛夫克拉夫特作品、名為Arkham House的出版社，自己也撰寫了許多克蘇魯神話恐怖作品。

093
利維坦
LEVIATHAN

強大到連神都引以為傲的最兇聖獸

《聖經》中有許多怪物登場，「利維坦」堪稱是其中最強的怪物。

Leviathan是英語的發音，希伯來語的羅馬拼音為Līvyātān。牠是棲息在海裡的巨大怪物，相傳是在上帝創造天地的第五天被創造出來。

原本創造的是一對雌雄，但由於太過危險，因此殺掉雄性，只留下雌性，以免這個生物繁殖增加。

不過，也有雄性是貝西摩斯（234頁），雌性是利維坦的說法。

在舊約聖經約伯記中，有一章對利維坦有詳細的描述。讓我們根據內容來瞭解利維坦是怎樣的怪物吧。

背上長著一排盾牌／緊密堅固地閉合／那些盾牌相連不斷／排列得密不通風。

這段文章中，背上的盾牌被認為是像盾牌一樣堅硬的鱗片。

無論是劍、槍、箭、標槍／都無法刺穿牠／鐵的武器變成麥稈／青銅變成腐朽的木頭，射出弓箭也追不上牠／甩石機弦的石頭變成穀殼。

就算有足以貫穿利維坦鱗片的武器，頂多也只能對牠造成刮傷吧。

或許是**對利維坦的強大感到相當自豪**，上帝又用下面幾句話來描述牠：

關於牠身體的各個部位／我不得不提到那充滿力量的背部和壯碩的體格／有誰能從正面解除牠的防禦？／闖進牠的上下顎之間？／誰能讓牠的臉門戶大開？

關於利維坦的形象眾說紛紜，有大魚說、河馬說、鱷魚說、鯨魚說等，未有定論。不過，舊約聖經以賽亞書第27章第1節中有這麼一段話：

那一天，耶和華手執剛硬強力的大劍／懲罰逃跑的蛇／那是彎曲的蛇利維坦／並殺死海裡的龍。

從這段文章來看，認為利維坦是一種海蛇，或者古老形態的龍（以前的龍是蛇型）比較恰當。

但在基督教中，利維坦從上帝創造的聖獸，搖身一變成為惡魔的首領之一。牠掌控七大罪中的「嫉妒」，變成任何驅魔方法都無效的可怕惡魔。

094

貝西摩斯

BEHEMOTH

G.Pivet

強大到只有神才能用劍刺穿，想不到竟是草食性聖獸

「貝西摩斯」是《聖經》中與利維坦一起登場的陸地怪物。

在伊斯蘭教中是以巴哈姆特的名字著稱。其形象不甚清楚，據說似乎是以大象或河馬為原型。

18世紀威廉・布萊克（William Blake）的畫作（右頁上方的畫）中，貝西摩斯是描繪成身披盔甲的河馬（畫的正中央，下方是利維坦），現在也常描繪成類似河馬、犀牛或牛的形象。

在舊約聖經約伯記中，有一幕是上帝向約伯傳達貝西摩斯的事情。

你看，這就是貝西摩斯。創造你的我，也創造了這隻野獸。牠像牛一樣

也吃草。

出人意外的是，貝西摩斯**居然是草食性動物**，但也不能因此小看牠。

你看，牠的腰力和腹肌多麼強勁。
尾巴像杉樹樹枝一樣彎曲／大腿的肌肉緊密相連。
骨頭像青銅管／骨架像是由鋼鐵棒組合而成。

其力量無與倫比，**畢竟連上帝都親口說貝西摩斯是傑作，所以毋庸置疑。**

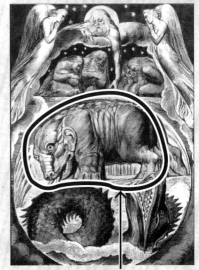

貝西摩斯

牠正是上帝的傑作／除了造物主之外，無人能用劍刺死牠。

換言之，**只有上帝才能刺死貝西摩斯。**
而且，**牠被認為是最大的陸地生物。**

即使河流試圖將牠沖走，牠也不為所動。即使約旦河注入牠的口中，牠也毫不退縮。
有誰能完全抓住牠／或是用陷阱穿透牠的鼻子？

換言之，貝西摩斯的體型非常龐大，不僅河流無法將牠沖走，就連約旦河[1]流進口中也毫不在乎。

然而，在中世紀的基督教中，貝西摩斯與利維坦一樣被視為惡魔的一員；人們將其視為掌管暴飲暴食的惡魔，往往描繪成肥胖的象頭人。

1　長達425公里的中東河流。信濃川的長度為367公里，因此以大陸的河流來說不算大，但比日本任何一條河流都要長。

095

巴哈姆特

BAHAMUT

在宇宙海洋中支撐地球的巨大怪魚

原本是貝西摩斯傳到伊斯蘭世界後變成的怪物。

奇怪的是，貝西摩斯是陸地上的怪物，而巴哈姆特卻是怪魚，也就是魚類的怪物。

中世紀的伊斯蘭教對於宇宙的結構有幾個神秘的解釋，下面的內容即是其中之一。

阿拉雖讓天使扛著荒廢的大地，卻仍不穩定。

於是，祂在天使的腳下創造了一塊綠色的大岩盤（還有另一種說法是巨大的紅寶石）。

接著祂創造出支撐岩盤的公牛（名字叫庫尤薩），以及載著牛的巨魚，這條

巨魚即為巴哈姆特。

巴哈姆特的體型非常龐大，縱使將全世界的海洋都放進牠的鼻孔裡，也不過相當於沙漠中的一粒芥菜籽[1]那麼大。

但在另一種解釋中，順序稍微略有不同。

大地是平坦的，四周有卡夫山（Qaf）圍繞。這片大地位於一頭名為庫尤薩（Kujata）的牛身上。

這頭牛就矗立在名為巴哈姆特的怪魚上。

巴哈姆特在宇宙海（與地上的海不同）中游動，宇宙海是一個巨大的碗，據說這個碗是放在天使（有一說是鎮尼）的上方，右邊的繪畫就是根據這個說法描繪而成。

巨大的魚為何會換成龍？

近年來，巴哈姆特經常被當作龍的名字，這是**因為在《龍與地下城》的怪物列表中，巴哈姆特就是以龍的造型登場**。

這對許多創作者產生影響，導致後來的許多娛樂作品中，隨處可見以龍的形象登場的巴哈姆特。

1　芥菜籽的直徑約0.5公釐，在聖經中經常用來比喻微小的東西。

096

克拉肯

KRAKEN

克拉肯原本是章魚，而不是烏賊

　　人類能夠與之抗衡的海怪中，「克拉肯」堪稱是最大型的怪物。

　　18世紀的丹麥主教埃里克·蓬托皮丹（Erik Pontoppidan），在其著作《挪威博物志》中，首次出現克拉肯的記載。

　　根據書中描述，克拉肯有一英里半（2.4公里）寬，其觸手足以將任何大型船隻拖入海中使其沉沒。

　　其巨大的背部像小島一樣浮在海面上，據說所有的浮島皆為克拉肯。

　　克拉肯會吐出黑色的液體，將大海染成一片黑色。從這個說明來推測，克拉肯是一種巨大的章魚怪物。

　　不過也有其他各種說法，例如烏賊說、蝦子說、水母說、海星說等。

另外，雖然不叫克拉肯，但其實關於巨大章魚或烏賊怪物的傳說在更早以前就存在了。

據說是蓬托皮丹給這些傳說中的怪物取了克拉肯（扭曲之物）這個名字。

Google Earth 拍到了克拉肯!?

到了19世紀，或許因為造船技術的進步，陸續有遭到克拉肯襲擊而幸運生還的人提供目擊情報。

而在1861年，法國戰艦Alecton終於捎來捕獲克拉肯的報告。

戰艦帶回來的生物正是現在被稱為大王烏賊的巨大烏賊。

大王烏賊全長約13公尺，有些不確定的目擊情報甚至說看過全長20公尺的大王烏賊；近世以前的木造帆船，受到牠的攻擊正常來說都會沉沒。

此外，1896年在美國佛羅里達州的海岸，有個看似巨大生物的一部分物體被沖上海灘，那個物體像極了章魚的腳，有8公尺長。

倘若真是章魚腳的話，那就是本體大小超過25公尺的怪物。

再者，**2016年在 Google Earth 的圖像中出現疑似克拉肯的物體，一時引起熱議，據說那個物體的大小有120公尺以上。**

人類對海洋依然知之甚少。

或許不存在作為怪物的克拉肯，但說不定作為巨大生物的克拉肯確實存在這個世界上。

097

銜尾蛇
OUROBOROS

G.River

沒有壽命，在脫皮的同時無限成長的永恆象徵

「銜尾蛇」是指叼住自己尾巴的蛇。有時不是蛇，而是描繪成龍。

蛇可以脫皮不斷成長，沒有壽命，還能忍受長期飢餓，可謂是一種永生的生物。

那樣的蛇叼住自己的尾巴，形成一個圓環，成為沒有開始也沒有結束的永恆象徵，這就是銜尾蛇。

銜尾蛇有兩種形式，一種是一隻（叼住自己的尾巴），另一種是兩隻（互相叼住對方的尾巴）。

前者代表宇宙的一切都包含在一隻蛇內，具有「完全」、「回歸」、「全一」等含義。

相較之下，後者代表光與暗、天與地、動與靜、物質與精神、男性與女性等互相對立的事物，具有「相剋」、「調和」、「均衡」、「悖論」等含義。

哪一種更古老、更接近原型，不得而知。

即使是公認最古老的古埃及銜尾蛇圖案，也有這兩種形式，所以無法斷定哪一種更古老。

從未遭到殺害，經常受到邪惡或祕密組織使用的名字

銜尾蛇沒什麼值得講述的故事，這對本書這種怪物解說書來說有點困擾，因為它畢竟只是一種象徵。

然而，它在學術上卻占有非常重要的地位。

例如在鍊金術中，銜尾蛇象徵著生命的永恆循環；在神秘學中，銜尾蛇代表「靈魂的不滅」或「永恆的生命」。

因為是象徵性的存在，所以銜尾蛇在神話中從未遭到殺害。

或許是當成組織的名字不會觸霉頭的緣故，以至於這個名字經常被邪惡或祕密組織拿來使用。

098

阿茲達哈卡

AZHDAHA

大魔王阿里曼所創造，能夠毀滅世界三分之一的邪惡之蛇

　　怪物並非只存在於歐洲。「阿茲達哈卡」是在波斯興起的瑣羅亞斯德教中的邪惡之蛇。

　　瑣羅亞斯德（Zoroaster）又名查拉圖斯特拉（Zarathustra），他是公元前11到10世紀的波斯人，瑣羅亞斯德教就是由他創立。

　　瑣羅亞斯德教是擁有世上最古老的經典《波斯古經》的宗教。

　　內容是關於至高神阿胡拉・馬茲達（Ahura Mazda）和大魔王阿里曼（Ahriman）對立的二元論，而其中阿茲達哈卡[1]就是阿里曼所創造出來的邪惡怪物。

　　據內容所述，阿茲達哈卡的形象是有三個頭、三張嘴、六隻眼睛和一對

翅膀的龍，能夠驅使一千種法術，不禁讓人聯想到王者基多拉（※譯註：哥吉拉系列的邪惡怪獸）。

英雄費里頓（Fereydun）本欲討伐牠，但就算用劍砍，也會有噁心的爬蟲類從傷口爬出，無法將牠殺死。

於是，**將牠封印在德馬溫峰（Mount Damavand），直到世界終結。**

預言說道，當末日降臨時，阿茲達哈卡將被釋放，吃掉世上三分之一的生物。

不過，當阿茲達哈卡被釋放出來的時候，英雄戈夏斯普（Garshasp）也會死而復生。他會將阿茲達哈卡擊斃，拯救世上三分之二的生命。

每天吃掉兩個年輕人的大腦，統治波斯 1 千年

到了伊斯蘭教時代，阿茲達哈卡不再是龍，而是變成人類的形象，名字也跟著改為查哈克（Zahhak）。

根據波斯的史詩《列王紀》描述，查哈克是沙漠之王馬爾達斯（Merdās）之子。這位王子雖然勇敢，行動卻欠缺考慮。

在惡靈伊布力斯[2]（Iblis）的慫恿下，查哈克殺死國王登上王位。

在那之後，伊布力斯變成人類的模樣，成為國王的御廚，用美味的料理取悅查哈克。

在接受獎賞的時候，伊布力斯要求親吻國王的雙肩，結果國王的雙肩上長出兩條黑蛇。

不管砍死多少次，黑蛇仍會重新長出，群醫皆束手無策。

伊布力斯再次變成醫生的模樣出現在國王面前，他告訴國王，只要每天餵蛇吃人類的大腦，蛇最後就會死亡。

自此，**查哈克每天都餵蛇吃兩個年輕人的大腦，統治了波斯 1 千年之久。**

不過，查哈克最終被英雄費里頓打敗，囚禁在德馬溫峰。相傳在世界終焉之際，查哈克會恢復阿茲達哈卡的本性而復活。

---

1 於《波斯古經》中的表示。
2 被視為惡魔撒旦。

099

弗栗多

VRITRA

是蛇又是蜘蛛，印度最強的怪物

與波斯相鄰的印度也有怪物的傳說。

其中，最強的怪物就是在《梨俱吠陀》中登場的「弗栗多」。書中將弗栗多寫成「無手無腳」、「無肩」的怪物，加上這個名字原本就是「包圍的東西」的意思，可見牠原本就是蛇的怪物。

然而在繪畫中，弗栗多經常被描繪成蜘蛛怪物。

弗栗多是印度的惡魔種族阿修羅的其中一員，也稱為弗栗多・阿修羅。

死於雷神因陀羅的巧妙計策之下

此外，弗栗多也是雷神因陀羅的宿敵，雙方在海上、空中、陸地等各種地方都進行過戰鬥。

由於戰況過於慘烈，最終毗濕奴神出面調停，讓雙方訂立下列約定。

●**雙方盡量避免碰頭。**

●**雙方不得在白天或夜晚、不得用濕或乾的武器、不得以鐵、石、木製武器殺害對方。**

就這樣，雙方暫時停戰，不過因陀羅的腦袋更勝一籌。

某日黃昏（也就是既非白天也不是夜晚的時間），他找到位於波濤洶湧海岸上的弗栗多。

因陀羅進入海浪的泡沫內，對弗栗多發動襲擊。

他使用既不濕也不乾，不是鐵、石、木製的武器，而是海浪的泡沫將弗栗多殺死。

還有另一個小故事。

弗栗多‧阿修羅所率領的阿修羅軍隊與眾神交戰，眾神處於劣勢，因陀羅在停戰後仍不斷思考打敗弗栗多的方法。

眾神得到聖仙陀提遮（Dadhichi）的骨頭，用骨頭製作出金剛杵。

因陀羅使用這把金剛杵殺死了弗栗多。

這也符合不用鐵、石、木製的武器殺死弗栗多的限制。

因陀羅因為這項功績而獲得Vṛtrahan（弗栗多殺手）的稱號。

100

迦樓羅

GARUDA

G.River

印度教最高神之一的毗濕奴所騎乘的鳥中之王

「迦樓羅」是印度神話中登場的聖鳥。

相傳負責維持宇宙的神毗濕奴騎乘這隻百鳥之王於空中飛翔。

關於牠的形象眾說紛紜，最有力的說法是金色的鷲，也有說法認為顏色是紅色或綠色；金色或紅色的說法或許有如火焰般閃耀的含義。

還有一種說法是孔雀的形象。

這可能是根據孔雀吃蛇的行為，衍生出與那伽族（人面蛇身的種族）為敵的孔雀形象。在龍的項目中已經介紹過，印度以東的地區，蛇和龍未必是邪惡之物。

即便如此，人類仍然害怕這些不知道什麼時候會發動猛烈攻擊的生物，

這使得迦樓羅被奉為保護人類免受這些暴力侵害的聖鳥。

另外，也有一種說法認為迦樓羅是具備人類的頭部和身體、老鷹的翅膀、爪子和鳥喙，以及四隻手臂的異形生物。說得簡單一點，就是長著老鷹翅膀的人類。

迦樓羅成為毗濕奴的坐騎

事實上，迦樓羅和那伽是同父異母的兄弟，兩人的母親是姊妹。

造物主生主（Prajapati）的女兒迦德盧（Kadru）與毗娜達（Vinata），都成為聖仙迦葉波（Kashyapa）的妻子；迦德盧希望成為 1 千個那伽的母親，毗娜達希望有兩個比迦德盧的孩子更優秀的兒子，其中迦樓羅就是小兒子。

被母親害得只生出上半身的大兒子阿魯納（Aruna），對母親毗娜達下詛咒，使她成為迦德盧的奴隸；為了讓母親從詛咒中解放出來，迦樓羅奪走眾神的聖酒甘露。

就在那時，他遇到了毗濕奴。**毗濕奴讓迦樓羅永生不死，因此迦樓羅決定成為毗濕奴的坐騎（Vahana）。**

這時，因陀羅前來奪回甘露，卻不是迦樓羅的對手，後來兩人結下友誼。迦樓羅得到不死之身，發誓要以那伽為食。

迦樓羅為了讓母親從奴隸的身分中解放出來，於是把甘露交給了那伽，卻欺騙那伽必須先沐浴才能飲用甘露。

後來因陀羅趁那伽沐浴的時候把甘露搶了回去，那伽發覺自己受騙，但為時已晚。

從印度到東南亞，迦樓羅被當成各種象徵。

例如泰國的國徽就是紅色人類加上老鷹的翅膀和腳的迦樓羅，印尼的國徽是金色老鷹形象的迦樓羅。

另外，印尼的航空公司是迦樓羅航空（※譯註：官網譯為嘉魯達印尼航空），泰國航空也使用迦樓羅作為標誌。

101

窫窳

YÀYÛ

死後更需要監視的危險怪物

「窫窳」是中國傳說中的怪物。

不過，據說牠原本是神祇的一員。

根據《山海經》的《海內西經》記載，牠的形象為人頭蛇身。

窫窳遭到貳負及其臣子危殺害。

天帝將死去的窫窳綁在疏屬山上，還在牠的右腳戴上腳鐐，把頭髮和雙手綁在背後。

書上也有記載，變成屍體的窫窳，仍會帶來危險。

窫窳神圖

開明獸所在地的東邊，有巫彭、巫抵、巫陽、巫履、巫凡、巫相這六位巫醫，他們圍著窫窳的屍體，防止死氣蔓延。

前面提到窫窳遭到貳負等人的殺害，由此可以得知這兩個窫窳是相同的個體。

不滿被救活，氣得逃進河裡變成怪物

然而，後來登場的窫窳有著不同的形象。

窫窳在黃帝的幫助下復活，卻因為無法忍受，於是自己跳進河裡變成了怪物。

根據《海內經》的記載，牠變成吃人的龍頭怪物。

在另一個傳說中，窫窳是擁有紅牛身體、人頭、馬腳、叫聲如嬰兒啼哭的怪物。

窫窳變成怪物後便開始吃人。

最終，五帝之一的堯命令后羿[1]用弓箭將窫窳射死。

1　當10個太陽同時出現，地上化為灼熱地獄的時候，上天派來的神。祂用弓箭射下9個太陽，只留下1個。

102

蚩尤
CHIYÓU

統領魑魅魍魎，世上首度發動叛亂的邪惡之神

　　蚩尤是中國神話中的神祇之一，但祂是邪惡的神，也是最早發起並實行叛亂這個概念的神。

　　換句話說，**在蚩尤出現之前，這個世上沒有叛亂**。

　　蚩尤是牛頭、人身、馬蹄、四隻眼睛、六隻手臂的異形；另一說認為，祂有八隻手臂和八隻腳。蚩尤不吃普通的食物，而是以石頭和泥土為食。

　　蚩尤向中國的黃帝[1]發動叛亂，引發神話時代最大的戰爭。

　　這是因為蚩尤是炎帝神農氏的後裔。神農氏原是中國的皇帝，但到了第八代時，由於德行盡失，從此變成恣意妄為、折磨百姓的存在。

　　黃帝推翻殘暴的神農氏，成為新的皇帝，但他不忍抹殺神農氏，便將其

封為南方之王。

對於黃帝，蚩尤認為身為炎帝子孫的自己才是真正的皇帝。

然而，與蚩尤不同，炎帝的子孫已被封為南方之王，因此蚩尤先將所有的南方之王都斬盡殺絕。

蚩尤有跟自己長得一模一樣的兄弟，據說其數量有72人或81人；蚩尤以這些兄弟為中心，組成一支強大的軍隊。

此外，蚩尤更召集一群魑魅魍魎加入麾下。

敗給黃帝後，被奉為黃帝的軍神

就這樣，黃帝軍和蚩尤軍展開激烈的大戰。蚩尤利用產生霧氣的能力，讓黃帝軍失去視野。

蚩尤的軍隊是能夠在黑暗中行動的魑魅魍魎。光看這一點，蚩尤就占了絕對的優勢。

不過，黃帝不僅使用指南車[2]來引導軍隊，面對驍勇善戰的蚩尤，還派出更強大的應龍來對抗。

黃帝更利用西王母所賜予的兵書《陰符經》進行指揮，改變了戰局。

蚩尤就這麼在戰爭中落敗，被俘於青丘之山。據說為了避免蚩尤再度復活，祂的身體被大卸八塊，頭和身體埋在壽張縣的墓中，手腳埋在鉅野縣的墓中。

蚩尤死後，**天下再次陷入混亂時，黃帝繪製蚩尤的畫像。敵人看到蚩尤的畫像，以為蚩尤已經成為黃帝的下屬，於是紛紛投降。**

在那之後，**蚩尤就被奉為追隨黃帝的軍神。由於祂統領著魑魅魍魎，因此被人們奉為消災解厄的神。**

---

1 中國傳說中最偉大的三皇和五帝，合稱為「三皇五帝」，黃帝堪稱其代表。
2 指向南方的車，相當於現在的指南針，目前還不清楚是以怎樣的構造來運作。

周遊世界，擊敗怪物，登上王位，接下來……

　　歷經許多冒險，打敗無數怪物。

　　有些怪物就如資料所述，有些則不然，甚至也遇到完全沒有資料的怪物。

　　但是，我並沒有遇到資料館介紹的所有怪物。

　　只是還沒遇到？或是其實根本不存在？說不定也有可能已經滅絕了。

　　畢竟連雜魚級的怪物也有我沒遇到過的。

　　因為雜魚並不是隨便找就能輕鬆找到一堆。

　　其中的代表就是視肉。嗯，以視肉來說，其他的怪物……不，連烏鴉和蟲子也沒有理由不吃牠。

　　所以，除非是非常安全且不為人知的地方，否則恐怕無法存活下去。

　　什麼？比起這些，終極頭目怎麼樣了？

　　已經有幾隻被我消滅了。

　　消滅後，周邊地區的強大怪物也隨之消失；雖然變得相對安全，但大多數情況下並沒有什麼變化。

　　一旦變得安全，人們便陸續湧入。

大家希望我能保證所有人的安全。

我接受了這個要求，成為國王。

從眾人那裡收取年貢，為大家消滅怪物。

安全的地區愈來愈多，使得我的王國持續擴大，人口不斷增加。

如今這附近只剩下一些即使消滅也會立刻冒出來的雜魚怪物了。

但是，我的年紀也愈來愈大。

目前我正在積極地培養冒險者，以免我不在世上就沒有人能夠消滅怪物。

你有沒有興趣成為冒險者呢？

我會給予有意願的人合身的裝備和怪物的相關知識。

然後，出去見識一下我還沒見過的世界。

只要人類仍有「恐懼」，怪物就會永遠存在下去
～結語～

說起來，人類為何會想出怪物這種東西呢？

對於遠古時代的人類而言，世界確實讓人感到畏懼。

對於夜晚視力不佳的人類來說，黑暗意味著危險。

那不僅是像夜行性猛獸那樣可以感知的危險。

走錯路而不小心踩空摔死的人，迷路而回不了家的人，肯定不勝枚舉。

然而，對於倖存下來的人而言，只知道那些人是消失在黑暗中再也沒有回來而已。

這或許讓其他人都在想像黑暗中潛伏著什麼可怕的生物吧。至少，比起看不見的恐懼，看得見的怪物反而沒那麼可怕。

閃電落下便害怕掌控雷電的事物，洪水泛濫便害怕掌控水流的事物，火山爆發便害怕掌控火焰的事物。當然，這些恐懼大部分都變成對神的敬畏，從而產生了宗教。

但是，我覺得也有一部分變成對怪物的恐懼，故而創造出那些傳說。

這麼一想，各種怪物都是人類出於對某些事物的恐懼而創造出來的。

死靈和不死族都是出於對死亡和屍體的恐懼而產生的，這應該不難理解；人型怪物大概是出於對陌生異族人的恐懼吧。

奇怪的是，在雷電可以轉變成電力、可以得知天氣預報、雖無法阻止卻能預測火山噴發的現代，怪物的數量卻不減反增。

當然，不能否定現代特有的恐懼有所增加。電波通訊的發展創造出變蠅人，核子的恐懼讓哥吉拉誕生，AI的發展打造出人工智慧這個新的怪物。

換言之，人類無論到了哪個時代都會害怕某些事物，並從那些恐懼中創造出怪物；只要有人類的一天，怪物便永遠不會消失。

索引

參考文獻

『Popular romances of the west of England』Robert Hunt（Chatto & Windus）／『アメリカ・インディアンの神話と伝説―民俗民芸双書74―』エラ・イ・クラーク（山下欣一）（岩崎美術社）／『イスラム幻想世界―怪物・英雄・魔術の物語―』桂令夫（新紀元社）／『イリアス』ホメロス（松平千秋）（岩波書店）／『インド神話』ヴェロニカ・イオンズ（酒井傳六）（青土社）／『インド曼陀羅大陸―神々／魔族／半神／精霊―』蔡丈夫（新紀元社）／『ヴァンパイア―吸血鬼伝説の系譜―』森野たくみ（新紀元社）／『エジプト神話』ヴェロニカ・イオンズ（酒井傳六）（青土社）／『エッダ古代北欧歌謡集―』（谷口幸男）（新潮社）／『鬼の研究』馬場あき子（筑摩書房）／『オリエント神話』ジョン・グレイ（森雅子）（青土社）／『吸血鬼伝説』栗原成郎（河出書房新社）／『ギリシア・ローマ神話事典』マイケル・グラント、ジョン・ヘイゼル（西田実 他）（大修館書店）／『ギリシア・ローマ神話辞典』高津春繁（岩波書店）／『ギリシア案内記』パウサニアス（馬場恵二）（岩波書店）／『ギリシア記』パウサニアス（飯尾都人）（龍渓書舎）／『ギリシア神話』アポロドーロス（高津春繁）（岩波書店）／『ギルガメシュ叙事詩』（矢島文夫）（筑摩書房）／『幻獣辞典』ホルヘ・ルイス・ボルヘス、マルガリータ・ゲレロ（柳瀬尚紀）（晶文社）／『幻想生物 西洋編―Truth In Fantasy 82―』山北篤（新紀元社）／『幻想世界の住人たちⅡ』ジョン・スパイサー（岩波書店）／『幻想世界の住人たちⅢ―中国編―』篠田耕一（新紀元社）／『原典対照 ルイス・キャロル詩集』ルイス・キャロル（高橋康也、沢崎順之助）（筑摩書房）／『公女マーラヴィカとアグニミトラ王』カーリダーサ（大地原豊）（岩波書店）／『山海経―中国古代の神話世界―』（高馬三良）（平凡社）／『シュメル神話の世界―粘土板に刻まれた最古のロマン―』岡田明子、小林登志子（中央公論新社）／『春秋左氏伝（上下）』（小倉芳彦）（岩波書店）／『神統記』ヘシオドス（廣川洋一）（岩波書店）／『シンボル事典』水之江有一（北星堂書店）／『図説 ヨーロッパ怪物文化誌事典』蔵持不三也、松平俊久（原書房）／『聖ヒルデガルトの医学と自然学』ヒルデガルト・フォン・ビンゲン（井村宏次 他）（ビイング・ネット・プレス）／『世界の怪物・神獣事典』キャロル・ローズ（松村一男）（原書房）／『千夜一夜物語―バートン版・大場正史訳―』（大場正史）（河出書房）／『トールキン指輪物語事典』デビッド・デイ（仁保真佐子）（原書房）／『日本の鬼―日本文化探求の視角―』近藤喜博（講談社）／『日本妖怪大事典』村上健司、水木しげる（角川書店）／『フランス田園伝説集』ジョルジュ・サンド（篠田知和基）（岩波書店）／『民間信仰辞典』桜井徳太郎（東京堂出版）／『指輪物語』J.R.R.トールキン（瀬田貞二、田中明子）（評論社）／『妖精Who's Who』キャサリン・ブリッグズ（井村君江）（筑摩書房）／『妖精キャラクター事典』中山星香、井村君江（新書館）／『妖精事典』キャサリン・ブリッグズ（平野敬一、井村君江、三宅忠明、吉田新一）（冨山房）／『ラヴクラフト全集4』H.P.ラヴクラフト（大瀧啓裕）（東京創元社）／『聊斎志異 下―中国古典文学大系41―』蒲松齢（増田渉、松枝茂夫、常石茂）（平凡社）／『聊斎志異 上―中国古典文学大系40―』蒲松齢（増田渉、松枝茂夫、常石茂）（平凡社）／『ロシアの神話』フェリックス・ギラン（小海永二）（青土社）／『アファナーシエフ ロシア民話集（上下）』（中村喜和）（岩波書店）／『倭漢三才圖會』寺島良安（国立国会図書館デジタルコレクション）

【作者紹介】

山北篤

撰寫的書籍涵蓋遊戲、奇幻、歷史等各種類型。著有《魔法事典》、《コンピュータゲームの数学》、《現代知識チートマニュアル》、《寫給創作者的奇幻傳說事典》等。

細江廣美

以在電腦通訊中初次體驗TRPG的重播隨筆《無謀戰士ヴィエ》出道。從事TRPG相關書籍、遊戲小說化等多項創作。

【插畫家介紹】

LIM

喜歡龍或幻獸等怪物，主要負責社群遊戲的插畫等工作。

綠川美帆

怪物設計師、插畫家。以遊戲為中心，創造各種虛構動物。以「活生生」的生物為主題。喜歡所有動物，興趣是捕捉海中魚類來飼養。參與作品有《龍族拼圖》等多部。

1NICHI 3PUN YOMUDAKEDE ISSHO KATARERU MONSTER ZUKAN
Copyright © Atsushi Yamakita, Hiromi Hosoe 2020
Chinese translation rights in complex characters arranged with Subarusya Corporation through Japan UNI Agency, Inc., Tokyo

怪物圖鑑—— 領略怪物世界必備百科

出　　　版／楓樹林出版事業有限公司
地　　　址／新北市板橋區信義路163巷3號10樓
郵 政 劃 撥／19907596　楓書坊文化出版社
網　　　址／www.maplebook.com.tw
電　　　話／02-2957-6096
傳　　　真／02-2957-6435
作　　　者／山北篤、細江廣美
插　　　畫／LIM、綠川美帆
翻　　　譯／趙鴻龍
責 任 編 輯／吳婕妤
內 文 排 版／洪浩剛
港 澳 經 銷／泛華發行代理有限公司
定　　　價／420元
初 版 日 期／2024年1月

國家圖書館出版品預行編目資料

怪物圖鑑：領略怪物世界必備百科 / 山北篤,
細江廣美作；趙鴻龍譯. -- 初版. -- 新北市：楓
樹林出版事業有限公司, 2024.01　面；　公分

ISBN 978-626-7394-28-1（平裝）

1. 妖怪　2. 傳說　3. 圖錄

298.6　　　　　　　　　　112020521